JN215907

キャリアコンサルタント
になりたいと思ったら
はじめに読む本

津田裕子 著
Hiroko Tsuda

中央経済社

はじめに

　国家資格化された「キャリアコンサルタント」は，年々その人数を伸ばし，さまざまな分野で活動しています。

　「キャリアコンサルタント」って聞いたことはあるけど，どんなところで，どんな仕事をしているかわからない…。本書は，「キャリアコンサルタントとは？」を知りたいと思っているすべての人に，この資格についてゼロからご紹介するものです。

　　・キャリアコンサルタントの仕事内容は？
　　・キャリアコンサルタントのなり方は？
　　・キャリアコンサルタントの試験って？　　などなど…。

　このようなすべての疑問にお応えできるように，具体的な仕事内容や制度の説明などを組み合わせて，1冊にまとめました。まだキャリアコンサルタントのことを全然知らないという方も，本書を読んでいただければこの仕事に興味を持っていただけることでしょう。

　「キャリア」とは人生そのもののことだと私は感じます。本書とキャリアコンサルタントが，あなたのこれからの人生のサポート役になることを願っています。

キャリコンシーオー主宰
株式会社リバース取締役
キャリアコンサルタント

津田　裕子

目　次

CHAPTER 3
キャリアコンサルタント8人のある1日──── 49

CHAPTER 4
キャリアコンサルタントになるには？──── 65

CHAPTER 5
ゼロからわかる！
キャリアコンサルタント試験のしくみ──── 83

CHAPTER 6
合格した後のためにできる準備————————— 113

いま大注目の国家資格！

キャリアコンサルタント

1 キャリアコンサルタントは何をする人？

　相談業務のために企業などへ出向くと，「キャリアコンサルタントって何をする人ですか？」と聞かれる機会が増えました。

　みなさん耳にしたことのある資格だけど，具体的にどんなことをしているかはぼんやりとしているようで，なんとなく「転職や就職のときに手伝ってくれる人」という認識があるようです。確かにそれもキャリアコンサルタント業務の1つです。

◆ キャリアをコンサルティングする！？

　キャリアコンサルタントはキャリアコンサルティングをします。このキャリアコンサルティングについて厚生労働省は次のように定義しています。

> 　「キャリアコンサルティング」とは，労働者の職業の選択，職業生活設計又は職業能力の開発及び向上に関する相談に応じ，助言及び指導を行うことをいいます。

出所：https://www.mhlw.go.jp/stf/seisakunitsuite/bunya/koyou_roudou/jinzaikaihatsu/
career_consulting.html （厚生労働省HP）

　わかりやすく説明すると，「会社でいやなことがあった。誰に相談しよう？」，「結婚，出産，子育てと仕事をどうやって両立させようか？」，「そろそろ親の介護も必要で，これまでのように仕事中心ではいられない…」，「ずっと専業主婦でブランクがあるけど就職したい。自分には何ができるかな？」というように，誰にでも起こり得るものの，人生で予測できるこ

と・できないことに実際に直面した際，どのように考え，対応していけばよいかをサポートする存在，これがキャリアコンサルタントです。

◆ キャリアコンサルティングの基本的な流れ

キャリアコンサルティングを行う場合，以下のような基本的な流れがあります。

■キャリアコンサルティングの流れ■

❶ 自己理解

❷ 仕事理解

❸ 啓発的経験

❹ 今後の職業生活設計・目標の明確化等に係る意思決定

❺ 職業選択・求職活動・能力開発等の方策の実行

❻ 新たな仕事への適応

参考：https://www.mhlw.go.jp/stf/seisakunitsuite/bunya/0000198322.html（厚生労働省HP）

この流れを通して，個人の「キャリア形成」を実現していきます。このようにキャリアコンサルタントは，一人ひとりの人生をサポートする役割が与えられている国家資格なのです。

2 キャリアカウンセラーとキャリアコンサルタントの違いは？

「キャリアコンサルタント」は，2016年4月に国家資格化されました。それ以前は，キャリアカウンセリングに関する民間資格がたくさん存在し，キャリアカウンセラー，キャリアアドバイザー，キャリアコンサルタントなどというように，さまざまな呼び方があり，どれを名乗っても特に問題はありませんでした。

◆ キャリアコンサルタントは国家資格

国家資格とは，国の法律で定められた資格のことをいいます。国家資格化されたキャリアコンサルタントのことを，厚生労働省では次のように定義しています。

> 「キャリアコンサルタント」とは，キャリアコンサルティングを行う専門家で，企業，需給調整機関（ハローワーク等），教育機関，若者自立支援機関など幅広い分野で活躍しています。

出所：https://www.mhlw.go.jp/stf/seisakunitsuite/bunya/koyou_roudou/jinzaikaihatsu/career_consulting.html（厚生労働省HP）

国家資格には大きくわけて2通りあります。一つは，医師や弁護士のような，その資格を持っていないとできない仕事です。もう一つは，保育士やキャリアコンサルタントのような，その資格を持っていないと名乗れない職業です。この点については，キャリアコンサルタントの特徴でもあるので，後述します。

◆ キャリアカウンセラーとキャリアコンサルタント

　では，キャリアカウンセラーとキャリアコンサルタントの違いは何かというと，名前こそ違いますが，社会で貢献している役割に関しては同じといえます。

　ただ，転職や求人募集などで「キャリアコンサルタント」で探す場合と，「キャリアカウンセラー」で探す場合では，業務内容に違いがあるかもしれません。

　もしキャリアコンサルタントかキャリアカウンセラーのどちらかで求人情報を探す場合は，自分自身がどのような仕事内容を望んでいるのかを明確にして，詳しく確認してみる必要があるでしょう。

　また，最近では「国家資格キャリアコンサルタント」を保有していることが望ましいという職場が多くなってきているようです。

　とある人材派遣会社も，社員にキャリアコンサルタント資格を積極的に取得してもらうため，自社セミナーを開催するなど社員のスキルアップを図っています。キャリアコンサルタントが国家資格化されたことから，キャリアコンサルタントに対する社会ニーズも高まっているといえます。

3 なぜキャリアコンサルタントは国家資格になったの？

　日本は労働人口が減少し，年功序列や終身雇用などこれまでのシステムを転換せざるをえないなか，働いている人自身がキャリアについて主体的に考え，行動することが求められるようになってきました。また，一人ひとりが能力を最大限に活かして長く働ける社会を実現させる必要も出てきました。つまり，個人が自分自身に適した働き方を選択する時代になったといえます。

　しかし，個人のキャリア形成やそれに対する具体的な指導を，本来は企業が担うべきものの，現実のところ，そのための人材や時間の不足により，人材育成を行う余裕が企業にはなく，採用時において「即戦力」を求める傾向が強まってきています。

◆キャリアサポートを行う専門家として

　どのようなキャリアの選択肢があるのか，どのような教育訓練の機会があるのかなど，働く個人が知らないことも多いといえるでしょう。

　そこで，定期的なキャリアコンサルティングの機会が求められるようになり，そのサポートを行う専門家として，2016年4月に職業能力開発促進法という法律によって，国家資格「キャリアコンサルタント」が誕生しました。

　先述のとおり，国家資格には大きく2つのタイプがあります。一つは，医師や弁護士などのように，その資格を持っていないとできない仕事で，業務独占タイプの資格です。もう一つが，中小企業診断士や保育士など，その資格を持っていないと名乗れない職業で，名称独占タイプの資格です。

◆キャリアコンサルタントは名称独占タイプの資格

国家資格としてのキャリアコンサルタントの特徴は，次の3つあります。

■キャリアコンサルタントの特徴■

特徴1　登録制度

国が指定した登録機関に登録が必要です。また，その登録機関への登録には一定の条件があります。

特徴2　名称独占

「国家資格キャリアコンサルタント」として登録していない場合に「キャリアコンサルタント」を名乗ると罰則規定（罰金など）の対象となります。つまり，この資格を持つ人だけが，「キャリアコンサルタント」を名乗って活動することができます。

特徴3　更新制度

資格取得後5年間に厚生労働省指定の機関にて更新講習（知識講習8時間，技能講習30時間）を受講修了しないと資格の更新ができません。

国家資格キャリアコンサルタントには，このような特徴があります。特に，資格を取得して終わりではなく，資格を取得した後もキャリアコンサルタント自身が自己研鑽することが求められています。これは，キャリアコンサルタントの活動に，国が大きく期待しているということの表れであるともいえるでしょう。

4 キャリアコンサルタントには誰でもなれる？

キャリアコンサルタントの受験資格があり，試験に合格すれば，誰でもキャリアコンサルタントになることができます。

受験資格は以下のいずれか1つに該当する必要があります。

■キャリアコンサルタントの受験資格■

❶ 労働者の職業の選択，職業生活設計又は職業能力開発及び向上のいずれかに関する相談に関し 3 年以上の経験を有する者

❷ キャリアコンサルタント試験の受験要件を満たす講習として厚生労働大臣が認定する講習の課程を修了した者

◆ 実務経験がある場合

まず，受験資格❶は実務経験が3年以上あれば，試験を受けられるということです。実務経験とは，たとえばハローワークなどで職業に関する相談業務に就いた経験や，学校などで学生の就職活動に関する相談業務に就いた経験などです。

このような経験があれば受験資格を満たしますが，これには勤め先（会社等）による証明が必要となります。具体的には，その勤め先が作成した職務経歴シートという書類を提出しなければなりません。

もし，廃業などによりすでにその勤め先が存在しない場合には，雇用保険被保険者資格取得届出確認照会回答票などの提示を求められる場合もあります。つまり，本当にその会社で勤務していて相談業務を行っていたかという内容の書類提出を求められます。

◆ 実務経験がない場合

　次に，受験資格❷は，❶の実務経験がない人向けといえます。厚生労働大臣指定の講習（現在は140～155時間）を修了することにより，キャリアコンサルタント試験の受験資格を得ることができます。

　たとえば，週1回日曜日の10時～19時（昼休憩1時間）に開講される講習を14日間受講する場合，3～4ヵ月間，毎週1回講習に通うことになります。もちろん，平日や土日などに開催される講習や，通学だけでなく通信などの受講スタイルもあるので，ご自身のライフスタイルに合った方法で講習を修了することができます。

◆ どんな人がキャリアコンサルタントになっている？

　最近では，人材派遣，職業紹介，教育，企業の人事，カウンセラーなど多くの人たちが，キャリアコンサルタント資格を取得しています。

　たとえば，人材派遣会社では，社員向けにキャリアコンサルタント資格取得を奨励しています。派遣社員特有の悩みなどについて，適切に対応できるキャリアコンサルタントの必要性を感じているためです。

　大学，短大，専門学校のキャリアセンターなどでは，キャリアコンサルタント資格保有者が優遇される場合もあり，また人材派遣会社から大学へ派遣される場合も，有資格者のみが登録できるということがあるようです。

　企業の人事部などで働く人もキャリアコンサルタント資格が今後必要になってくるという動きもあるようです。

　これまでキャリアカウンセラーとして活動している人が，キャリアコンサルタントの資格を取得することにより，仕事の幅に広がりが見えてきます。たとえば，学校で相談カウンセラーとして活動する人がキャリアコンサルタント資格を取得することにより，キャリアセンターや進路課等と連携を行い個人の悩みや思いにスムーズに対応を行うことが可能になります。

5 キャリアコンサルタントに必要な能力は？

　基本的にキャリアコンサルタントに必要とされる能力は，人の話を聴くことです。いわゆる「傾聴」というカウンセリング技法のことをいいます。

　「キャリアコンサルタント」という名称のため，よく勘違いされるのが「何か指導しよう」とか「提案して早く結果を出そう」と，キャリアコンサルタント自身が中心となって相談者を意のままにしようという考え方を持っている場合です。これは傾聴とは全く逆に位置するため，キャリアコンサルティングとはいえません。

◆相手を否定しない

　相手中心で話を行うため，相手を否定しない気持ちが必要です。また，安易に「アドバイス」をしないということも，この相手を否定しないということにつながります。

　たとえば，友人や同僚など誰かに，自分の話を聴いてほしいと思うときはありませんか。そして，聴いてもらっただけでスッキリした，という経験はありませんか。その感覚に近いものが，キャリアコンサルタントには必要なのです。

　会って間もない人に，いきなり「こうした方がいいのに」,「それはこうしてください」と言われたらどんな気分でしょうか。誰にだって自分の気持ちや言い分があります。それを受け止めてもらえないままにアドバイスされると気分がよくないかもしれません。

◆相談者の気持ちを理解する

　相手の話を最後まで聴いて，たとえそれが間違っていたとしても，あるいは事実と異なっていたとしても，一旦すべて受け入れる気持ちがキャリアコンサルタントには必要です。

　また，キャリアコンサルタントは相談者の味方となるため，相談者の気持ちを十分に理解し，その相談者の良い事実の部分を認めることで，相談者自らがモチベーションを高めることにも貢献します。

　すると，相談者の方から「話を聴いてもらってとてもスッキリしました！」，「普段自分が考えてもいないようなことを考えることができて良かったです！」，「頑張ってみます！やる気が出てきました‼」と，感謝の言葉を頂くことも多くあります。

　このようにキャリアコンサルタントは，傾聴を通じて，「人の役に立てる」，「相手に必要とされている」ということが実感できるやりがいのある仕事なのです。

6 キャリアコンサルタントの年収って どれくらい？

次は，気になるキャリアコンサルタントの年収を見ていきましょう。

「キャリアコンサルタント登録者の活動状況等に関する調査（労働政策研究報告書No.200）2018」によると，最近1年間の税込み個人年収は以下のような結果となっています。

最も割合が大きいのが，200～400万円未満で，次いで，400～600万円未満，600～800万円未満という結果です。

■最近1年間の税込み個人年収■

	度数	%
なし	68	2.1
200万円未満	445	13.6
⟨1⟩ 200～400万円未満	1087	**33.2**
⟨2⟩ 400～600万円未満	703	**21.5**
⟨3⟩ 600～800万円未満	462	**14.1**
800～1,000万円未満	247	7.5
1,000～1,200万円未満	152	4.6
1,200～1,400万円未満	57	1.7
1,400～1,600万円未満	25	0.8
1,600～1,800万円未満	8	0.2
1,800～2,000万円未満	5	0.2
2,000万円以上	14	0.4
合計	3273	100

出所：キャリアコンサルタント登録者の活動状況等に関する調査（労働政策研究報告書No.200）2018

では，正社員と非正規の場合における年収の違いはどうでしょうか。

同報告書によると，正社員で最も多いのは400～600万円未満，その次は800万円以上です。一方，非正規で最も多いのは200～400万円で，その次

は200万円未満という結果です。

■最近１年間の税込み個人年収の現在の就労状況別の特徴（一部抜粋）■

	200万円未満	200〜400万円未満	400〜600万円未満	600〜800万円未満	800万円以上
正社員N=1274	1.4%	16.6%	31.9%	24.0%	26.0%
非正規社員N=944	23.0%	62.0%	10.9%	3.2%	1.0%
全体	15.7%	33.2%	21.5%	14.1%	15.5%

出所：キャリアコンサルタント登録者の活動状況等に関する調査（労働政策研究報告書　No.200）2018

　正社員の場合，それまで企業で長年勤務してきた人が国家資格キャリアコンサルタントを取得しているということが考えられ，その場合，ある程度の役職に就いている可能性が高いと予測されます。また，キャリアコンサルタント資格を取得して給料アップにつながった人もいます。

　一方で，非正規の場合は，国家資格キャリアコンサルタント取得を機に転職あるいは転身したケースが多いのではないかと考えられます。たとえば，大学のキャリアセンターで週３日勤務などのように，個人のワークライフバランスにあわせた働き方を選択している可能性もあるでしょう。

　このように，キャリアコンサルタント資格は働き方についてもさまざまな形態を選択することができます。たとえば，正社員としてフルタイム勤務で働くことも可能ですし，育児や介護など両立したいということであれば週２〜３日の勤務が可能な場合もあります。

　求人を見ていると，ここ最近では必要資格に「キャリアコンサルタント資格歓迎」や「キャリアコンサルタント資格必須」を見かけるようになりました。資格を活かして自分らしい働き方ができるところもキャリアコンサルタントの魅力の１つといえます。

7 興味を持ったら一度キャリアコンサルティングを受けてみよう！

　キャリアコンサルタントの仕事に興味を持ったら，実際に一度キャリアコンサルティングを自分で受けてみることをおすすめします。資格を取得する前に，自分で体験しておくことも有益です。

◆ キャリアコンサルティングを受けたことのない資格取得者が多い！？

　実は，キャリアコンサルタント試験を受験する人で，このキャリアコンサルティングを受けたことがない人は意外に多いです。そのため，実際にどのようなことを具体的に行っているかを知らずに，キャリアコンサルタントの資格を取得する人が多いのも現状です。

　キャリアコンサルティングを受けた経験があるということは，自分がキャリアコンサルタントになった時に必ず活きるはずです。ぜひ有料，無料かを問わずに，キャリアコンサルティングを受けてみてください。

◆ キャリアコンサルティングの受け方

　では，そのキャリアコンサルティングはどこで受けられるのでしょうか。

▨無料のキャリアコンサルティング▨

- ・ハローワークや女性キャリアセンターなどの窓口に相談する。
- ・人材紹介会社・転職サービスなどに登録して面談を受ける。
- ・キャリアコンサルタントの講習を行っている協会に申し込む。

■有料のキャリアコンサルティング■

・キャリアコンサルタントの講習を行っている協会に申し込む。

・キャリアコンサルタントに個別に依頼する。

　無料のキャリアコンサルティングは，最終的には「就職すること」がゴールとなります。

　特に，人材紹介会社などは，相談者の就職が決まることでクライアント企業から手数料が入る成功報酬型のビジネスです。そのため，キャリアコンサルティングを受ける目的が就職や転職ではない場合は，ミスマッチとなるため注意しましょう。

　一方，有料のキャリアコンサルティングは本当の意味で相談者に寄り添う相談を行います。

　私もキャリアコンサルタントとして数々の有料キャリアコンサルティングを行っていますが，相談者の気持ちが第一優先となります。日本ではまだまだお金を払って誰かに相談するということは多くありませんが，アメリカなど海外では定期的に行うことが多いようです。

　実際に自分自身でキャリアコンサルティングを体感すれば，キャリアコンサルタントが相談者にとって心強い味方であることを実感できるはずです。

受験までに必要な費用は？

●受験資格を得るための費用

受験資格を得るためにどれくらいの費用がかかるでしょうか。

まず，実務経験については書類を揃えて提出すればよいため，実質０円ですね。

一方，養成講習の受講料は，30万円前後というところが多いです。なかなか高額ですが，「教育訓練給付制度（専門実践訓練）」を利用すれば一部が返金されます。ご自身が支給対象者かどうかをあらかじめ調べる必要がありますので，詳しくはハローワークでご確認ください。

この制度を利用して養成講習を受講している人も多くいます。ぜひ受講前に確認することをオススメします。

●キャリアコンサルタント試験の受験費用

キャリアコンサルタント受験のためには費用が必要です。

学科試験	8,900円/税込
実技試験	29,900円/税込
合計	38,800円/税込

（2019年１月現在）

その他に，試験会場までの交通費や受験申請の際の郵送代などが発生します。

ちなみに，受験申請を行い，受験料を支払った後はどんな理由があろうとも自己都合による未受験の返金はありません。また，次回への振替受験もないため，受験申込の際には予定をしっかり確認しておきましょう。

ただし，万一，受験定員を上回った場合には，次回実施される試験に受験が持ち越されるようです。つまり，自分の希望する回で受験できなくなる可能性があるということになります。その場合は，次回の試験を優先的に受験できるよう配慮がされるようです。めったにない事態だと思いますが，心構えがあると焦らずに対応できるかもしれません。

CHAPTER

2

キャリアコンサルタントの

仕事を見てみよう！

1 学生の就職活動をサポートする仕事

多くの学生は卒業後を見据え，在学中に就職活動をします。いわゆる「就活」ですね。

採用活動の開始時期に関しては，一定のルールが企業に求められていますが，現在は4年制大学であれば3年生から，短大や専門学校などは入学後すぐに，各校のキャリアセンターなどにより就職ガイダンスや説明会が行われています。その際，中心となるのがキャリアコンサルタントです。

◆ インターンシップで職業のイメージギャップを埋める

まず，就活の一環として学生が考えることに「**インターンシップ**」があります。インターンシップとは，企業における職業体験のことをいいます。

インターンシップは1日のみで完結するものや，1ヵ月～数ヵ月間にわたるものもあり，有給や無給などさまざまです。学校から紹介されるものもあれば，学生が自分で調べて参加する場合もあります。

インターンシップに参加して履歴書に記載すると，「**この学生は就職に向けて積極的に動いているな**」と企業からの印象が良くなる傾向にあります。そのため，各学校は就活の一歩としてインターンシップへの参加を学生に促します。

学生がインターンシップに参加したほうがよい理由として，先に挙げた履歴書に書けることの他に，もう一つあります。それは，実際の職業や仕事内容について，学生はほとんど知識がないからです。

私が学生に対してキャリアコンサルティングを行った際も，**職業に対して具体的なイメージを全く持っていない人が多い**とよく感じます。

　先日，以下のようなことがありました。せっかくなので，キャリアコンサルティングの現場で用いられる「逐語記録」という，相談者とキャリアコンサルタントの対話を文字にした記録方法で紹介しましょう。

 18歳女性（専門学校1年生）
相談したいこと「これからどのように就職活動をすればよいか。」

> キャリアコンサルタント（以下，cc）：こんにちは。今日はどうしましたか？
> 学生（相談者。以下，cl）：はい。私，就職ってよくわかってなくて…。でも就職しないといけないことはわかってるので，これからどうやって就活するか相談に来ました。
> cc：就活についてどうやったらいいか，ということですね？
> cl：はい，そうです。
> cc：何かやりたいことありますか？
> cl：私，事務がやりたいんです。
> cc：事務がやりたいんですね。
> cl：はい。そうです。
> cc：事務職のイメージってどんな感じですか？
> cl：えーっと土日が休みです。
> cc：他にはどんなイメージありますか？
> cl：パソコンで何かをやるって感じかなあ…。あんまりわからないです。
> cc：あんまりわからないけど事務がいいんですか？
> cl：はい，土日が休みなんで。
> cc：あ，そうなんですね。土日が休みだから事務がやりたいんですね。
> cl：はい…。
> cc：事務職ってちょっと説明すると，毎日同じ時間に同じ場所に行って，パソコンや机の前に座って書類作成とか何かの作業をします。

> 関わる人は会社の人たちで，ほとんど毎日同じ人たちと関わることになります。
>
> 　事務職の基本は利益を生む仕事ではないので，「よくできたね」と褒められることはあまりなくて，ミスをしないことが大事です。
>
> 　あと，一般事務は人気があるから結構な倍率ですよ。
>
> cl：えー！？そうなんですかぁ。私そんな同じところでじーっとしてられないです。いろいろ動きたいです。
>
> （続く）

　この学生のように，最初「事務職がいい」と言って相談に来たのですが，よく話を聴けば，ただ「土日が休みたい」という理由だったということは多々あります。職業のイメージが具体的に想像できない学生には，こうしたミスマッチを防ぐ意味でも，インターンシップに参加することが**「職業を知る第一歩」**になります。

◆毎年３月１日に大変なことが起こっている

　ある年の３月２日，１人の男子学生が青い顔をして私を訪ねてきました。「先生，俺もうだめだ…。」

　開口一番このセリフでした。訳がわからず，「どうしたの？　何かあった？」と尋ねると，理由を話してくれました。

　現在，経団連に加盟している各企業は，新卒者を採用する際にルールがあり，それにより各企業は３月１日に求人募集を開始します。この日から，各企業は会社説明会やエントリーの受付，書類選考，面接を進めていくことになります。なお，このルールについては毎年，議論がされており，今後変更されることもあります。

では，その3月1日午前0時に何が起きているのでしょうか。

3月1日午前0時。

　就活を目の前に控えた学生たちが，リクナビやマイナビといった就職ポータルサイトへ一斉にログインします。そして，会社説明会，プレエントリーなど，それぞれ志望する企業に登録を行っていきます。

　すると，人気企業の会社説明会などは2時間程度であっという間にクローズ，満席になってしまいます。真夜中の午前2時くらいの話ですね。そして，それは朝方まで行われ，いよいよ就活本番の幕開けとなるのです。

　さきほどの男子学生は，決してこの波に乗り遅れたというわけではありません。夜中から明け方まで，この一部始終をネットで体感し，疲れ果てて，思わず「先生，俺もうだめだ…。」というひと言が出たのです。

◆ エントリーシート（ES）を一緒に作り上げる

　就活に欠かせないアイテムに，エントリーシート（ES）があります。エントリーシートとは，書類選考の際に企業から求められる応募書類のことです。エントリーシートはその学生の個性を知るためのものなので，さまざまな形式・内容があります。文字だけでなく，絵を書いたり，写真を貼り付けたりというような表現が求められることもあります。

　最近，リクナビのような就活ポータルサイトでは，Web上で保存が可能で，スマホにも対応したエントリーシート作成機能が提供されています。企業から紙でのエントリーシート提出が求められた時には，これをA4サイズでプリントアウトすることもできます。

　一般的なエントリーシートでは，主に次のような項目をまとめます。

> ・学業，ゼミ，研究室などで取り組んだ内容（250字程度）
> ・自己PR（400字程度）
> ・学生時代に最も打ち込んだこと（400字程度）

　文字数はそれほど多くないものの，これがかなり学生を悩ませるようです。私がある学校でこのエントリーシートを書き上げる講座を受け持った際にも，**「何をどのように書けばよいのかがわからない」** と悩む学生がたくさんいました。

　では，とある学生がはじめて書いた自己PRを具体的に見てみましょう。

> 　私は専門学校に入ってから，居酒屋さんでアルバイトを始めました。最初は怒られてばかりで，全然面白くなかったのですが注意されると，気をつけるようになって，できることが多くなり今ではとても楽しいです。この経験を活かして社会人として働いていきたいです。

　いかがでしょうか。相手にどのように伝わるでしょうか。そこで，私はこれを書いた学生に次のように質問しました。

　「もし，あなたが会社の人事担当者だったら，この自己PRを読んでどう思う？」

　すると，学生も薄々何かに気づいたようで，「あんまりよくないと思います…。」と返答しました。

　いきなり学生に「自己PRを書いてください」とお願いすると，だいたいこのような結果になります。

◆キャリアコンサルタントの学生就職サポート

　キャリアコンサルタントとしては，先ほど例に挙げたような学生の自己PRを，ここから**どうやって採用担当者の目に留まるような内容にするか**を考え，学生と一緒に作り上げていきます。

　まず，キャリアコンサルタントは書類選考に関してその学生の個性や強みなどをなるべく引き出すように，キャリアコンサルティングを行います。そこから出てきたものをどのように書類へ活かすかを，学生と一緒に考え作成のサポートをします。

　たとえば，履歴書だけでは伝えきれない強みがある場合は，他の応募者との差別化を行うため，「自己PR書」などを別途パソコンで作成して応募書類と一緒に送付します。その際，送付時のカバーレターなどの必要性についてもアドバイスし，自分で作成してもらいます。

　通常，各企業は書類到着期限の締め切りを設けています。本来であれば，この締め切りの意味をきっちりと理解し，厳守することが当たり前であってほしいですが，「さっき郵便局で書類出してきたけど，別に1日くらい過ぎてもいいよね。速達じゃなくて普通郵便で送ったよ。」と聞き逃せない発言をする学生もいます。大慌てで，「今からすぐにその郵便局に行って速達に変更してきて！！」と言ったことも一度や二度ではありません。

　次に，書類選考の後，企業によってはSPIやグループディスカッションなどの選考を通過して，ほぼすべての学生が必ず直面するのが個人面接です。

　企業により違いがありますが，学生の就活において，面接はだいたい1〜3回程度行われることが多いです。

一般的には，１回目の面接では現場の若手社員が面接官を担当し，２回目は管理職や人事担当者が面接をします。そして，３回目の最終面接では，役員，社長といった経営陣が面接官として登場します。

　また，１回目の面接で，複数人の学生を一堂に集めて行うこともあります。いわゆるグループ面接というもので，言葉は悪いですが「振り落とす」ための面接ともいえるでしょう。そして，最終的に選ばれた学生は，経営陣との面接に進みます。この場合，経営陣１人対学生１人のこともあれば，経営陣５人対学生１人という緊張感でいっぱいのシチュエーションで行われることも想定されます。

◆ 模擬面接では入退室から練習する

　就活において「**面接**」は最も緊張する場面ではないでしょうか。私たちもできるだけ，学生が企業側に良い形で自己アピールできるように，模擬面接を行います。模擬面接では，キャリアコンサルタントが面接官役を演じ，本番さながらの面接を行います。

　最初は扉をノックするところからです。面接室に入る際，扉を何回ノックするかご存じですか。
　２回？　４回？　正解は３回です。
　ゆっくりと「コン，コン，コン」と軽く叩きます。社会人にとっては，「何を当たり前のことを…」と思うことかもしれません。しかし，学生にとっては当たり前のことではないのです。

　そこで，模擬面接では，必ず入退室の練習を行います。これがなかなか時間がかかります。
　「さぁやってみて」と学生にやってもらうと，"ダンダンダンダン！"と，

まるで借金取りが来たかのように激しくドアを叩く人もいれば，こちら（面接官）が「はい，どうぞ」とまだ言っていないのにドアを開けてしまう人，ドアを開けても試験官と目を合わせようとしない人，とっても怖い表情をしている人，声が小さすぎる人，挨拶をしない人などなど，枚挙に暇がありません。

このように，多くの学生は就活を通じてこれまで体験したことのない世界へと足を踏み入れます。とはいえ，若く吸収力がとても高いため，あっという間にひと通りマスターしてしまいます。

◆面接での受け答えを練習する

入退室の練習が終わると，次は面接官とのやりとりです。面接官から質問をされて受け答えをするための練習をします。

学生たちは慣れない敬語に四苦八苦します。こちらもおかしい部分があればアドバイスをしますが，あまりにも言い過ぎると，学生は途端に何も話せなくなるため，微妙なさじ加減が求められます。

たとえば，元気で笑顔が好印象な学生にいちいち敬語の使い方を注意していると，その素敵な笑顔が消えてしまいます。これではせっかくの強みが面接で活かせないことになるため，なんとも難しいところです。

これまでの模擬面接で印象的な出来事がありました。せっかくなので，少し逐語記録で紹介します。

21歳男性（大学4年生）

場面設定：最終面接（経営者との個人面接に向けて）

> 面接官：……では，こちらからお聴きしたいことは以上です。最後に
> 　何か当社に対して聴いておきたいことや確認しておきたいことはあ
> 　りますか？
> 学　生：はい，御社は残業代出ますか？
> 面接官：…はい，出ますよ。他にはありますか？
> 学　生：いえ，他にはありません。
> 面接官：では，これで最終面接を終わります。おつかれさまでした。
> 学　生：ありがとうございました。

　いかがでしょうか。残業代が出るかどうかは，「聴かない方がいいので
は？」と思う方がいるかもしれません。逆に，「いやいや，これから働く
んだから，ちゃんと確認しておいた方がよい」という意見もあるでしょう。

◆ 学生にどう伝えるか

　キャリアコンサルタントとしては，どちらが正解ということではなく，
「聴き方」に少し問題があるのではと思います。そのことを学生に理解し
てもらわないといけません。
　では，どのように学生に伝えたらよいでしょうか。
　「そんなこと聴かない方がいいよ」と，直接的に言うとどうでしょう。
それで学生は納得するでしょうか。「やめておいた方がよい」のひと言で
は，残業代が出るかどうかが気になって確認したい学生に，なかなか理解
してもらえないかもしれません。

　そこで，私は学生にある提案を行いました。面接官役と学生を入れ替え

てみようと伝えました。つまり，学生に面接官役をやってもらって，私が学生役をやるということです。

　学生は快く受けてくれたので，「じゃああなたはこの会社の社長です。その社長が大事な会社の将来を担ってくれる若者をこれから選考します。ここにくるまで何十人もの学生が不採用になっています。それをかいくぐってきた数人の学生の中から1名を採用する，とても大切な面接です。私はその学生の内の1人です。社長が聴きたいことは済んだので，私に聴いてみてください。」と説明し，面接官役の学生が私に質問をしてきました。

　「では，最後に何か当社に対して聴いておきたいことや確認しておきたいことはありますか？」

　私はさきほど学生が言ったフレーズをそのまま繰り返しました。

　「はい，御社は残業代出ますか？」

　すると面接官役の学生の表情に変化がありました。何か違和感をもったようです。そして，面接官役の学生は私が行ったときと同様に，「はい，出ますよ」と答えました。

　このあと，学生に「どう思いましたか？」と聴いたところ，「うちの会社はブラックじゃないぞ！と思いました。」ということで，この聴き方は良くなさそう，ということに気づいてもらえました。

　では，実際はどのように確認すればいいでしょうか。みなさんもキャリアコンサルタントの立場になったときに，学生にどう伝えるかを考えてみてください。

　私が提案した方法は，「社員の頑張りに対してはどのように評価していただけるのでしょうか？」や「御社へ入社するにあたり，覚悟しておいた方がよいことはありますか？」などを伝えました。

　すると後日，志望企業の面接を終えた学生から，「あの質問のおかげで，残業代のことがわかりました！」と笑顔で私のところにやってきました。

私が提案した質問をすると，その経営者は「うちの会社は忙しいから，残業が多いということは覚悟しておいてください。もちろん残業代はちゃんと規定通り支払いますよ。内定式で労働通知書を渡します。」と，その学生が望んでいた回答を得ることができたようです。

　学生の言うことを否定せず，信頼関係を築け，学生の望む結果も出せる，このような力量もキャリアコンサルタントには必要な要素となります。

　その後，企業から学生に続々と内定の通知が入り，だいたい6〜7月までには就活の第1弾が収束します。このあと学生は夏休み，企業はお盆休みなどを迎え，就活の動きは少し鈍ります。そして，9月頃から就活第2弾がスタートします。この時期からは，大企業だけでなく，中小企業が採用活動を活発に始める時期でもあります。

　この段階でまだ内定のない学生は就活を続けます。この時期以降の就活では，面接の際，「これまでどうして内定をもらえなかったのか」という少し嫌な質問を企業側からされることもあります。企業としては，第1弾の就活時期に，学生が何をしていたのかを確認したいという思いもあるのでしょう。キャリアコンサルタントとしては，**その学生のことを理解して，面接でマイナスにならないような受け答えができるようにサポート**します。

　このように，学生への就活サポートを行うこともキャリアコンサルタントとしての仕事の一つです。**「若者を応援したい」**という人は，こういった分野で必要とされ，活躍が期待されます。

2 社会人の転職活動をサポートする仕事

ある日，1通のメールが届きました。それはこんな短い内容でした。

「キャリアの相談に乗っていただきたいです。」

　以前，私が一般の人向けに行った「傾聴トレーニングコース」に参加された公認会計士の方からでした。彼女は，現在の年収や職場の環境に納得がいかず，他の会社へ転職するか，現在勤務している会社にこのまま残るかを真剣に考えていました。

　そこでまず，キャリアコンサルティングを行うにあたり，どれくらいの相談回数がよいか，他に希望があるかなど本人の要望を確認したうえで，今回は90分間×3回のコースを選択されました。1ヵ月に1回キャリアコンサルティングを行い，3ヵ月間で終了するようなペースです。

◆ 1回目の面談──気持ちを「見える化」する

　最初に，普段は見えづらい「**気持ち**」を，数字を使って「**見える化**」します。

　次頁の図は，実際のキャリアコンサルティングを行った際に使った資料です。「各項目について現在100点満点中，何点くらいですか？」と相談者に問いかけ，それぞれ数字で答えてもらいます。

■気持ちの見える化■

	1回目	2回目	3回目
心の状態	**10**	30	70
健康	90	90	90
趣味・楽しみ	80	80	80
環境・時間	90	70	90
仕事・キャリア	**20**	30	80
経済・財政	50	60	80
人間関係	60	**30**	30

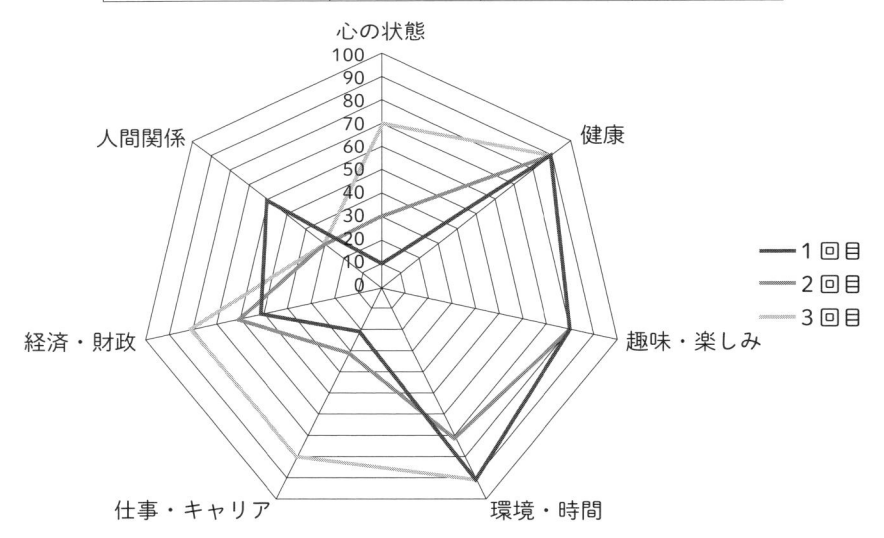

　表の1回目を見てください。「心の状態」10点と「仕事・キャリア」20点が，他に比べて特に数値が低くなっています。この部分が気になったため，ここを掘り下げて話を聴いていきました。

　私の場合，最初に行う面談は**「とにかく相談者の話を聴く」**というところに徹します。前述した「傾聴」というカウンセリングスキルをフル活用します。

　プライベートや仕事などご自分について垣根なく徹底的に話してもらいます。不安，希望，思い，経験，好きなこと，嫌いな食べもの，それ以外にも相談者が「話したい」ことすべてをキャリアコンサルタントは自身の主観を入れずに受け止めます。

　話を聴く基本は，**「相手に気持ちよく，たくさん話してもらう」**ことです。数字で表現すると，この時の対話はキャリアコンサルタント2：相談者8くらいになります。それほど私はほとんど話をしません。

　何をするかというと「短い質問」で，私が聴きたいことではなく**「相談者自身に考えて答えてもらえるような質問」**を行います。こうすることにより，相談者自身も思いがけない自身のことを話してくださいます。

　このように，キャリアコンサルタントは相談者に対して**「傾聴スキル」**を用いて，とにかく話をしてもらいます。そして最初は「90分って長いな」と感じていた相談者も，終わる頃には「え？　もう終わりですか？」という意識に変わっています。

　本人が転職も視野に入れているため，初回面談では他に，希望する市場の動向，どのように転職するか，求人情報の検索，応募など，転職活動についてのサポートをする必要があります。今回の相談者は，この段階ではまだ転職するかどうかを迷っている状態でしたが，自分で積極的に情報収集を行っていたため，それを続けるように促しました。

◆ 1回目の面談で出した宿題

　さらに，私のキャリアコンサルティングでは初回面談の際に，相談者へ「宿題」を出します。それは「自分の『強み』を次回面談までに調べてきてください」というものです。とはいえ，急に言われてもよくわからないので，今回の相談者には「ストレングスファインダー®」という自己分析のために使うツールを紹介しました。インターネットや書籍から，アクセ

スコードを入手してテストを受けることができます。

オススメ書籍
『さあ，才能（じぶん）に目覚めよう 新版
ストレングス・ファインダー2.0』
トム・ラス（著），古屋博子（訳）
（日本経済新聞出版社）

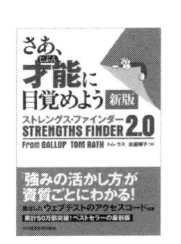

　ストレングスファインダーでは，人が持つ「34の資質」を明らかにし，それを順位づけ，1〜5位までが示されます。

　この資質（自分の強み）を知ることにより，自分が何を転職先に求めるかについて理解を深め，またミスマッチを防ぐこともできます。

　今回の相談者がこのストレングスファインダーを試したところ，1位が「学習欲」という結果になりました。具体的には，学習意欲が高く，わからないことを恐れないため，現在の公認会計士としてのスキルを活かし，さらに新しいスキルをどんどん学ぶということがわかりました。

　このようにして自分の強みを実感しながら2回目の相談へと続きます。

◆ 2回目の面談——アセスメントツールを活用する

　約1ヵ月後，2回目の面談でも最初に「**気持ちの見える化**」に取り組みました。先ほどの表で，2回目の欄を見てください。すると，「人間関係」の30点が一番低く，前回から30点ほど下がっています。今回は，このあたりについて聴くことから始めました。

　すると，今の会社でのプロジェクトが難航しており，その原因として上司との人間関係があまりよくないという状態がわかりました。「やっぱり転職を考えて正解だったけど，この会社を辞めてもいいのかな？」という発言があったため，相談者のその時々の気持ちを理解することに努め，相

談者が望む転職に関するキャリアコンサルティングを進めることにしました。

　そこで，相談者に以下のツールを使って作業をしてもらいました。

1　ライフステージチェックシート

		学生時代	20代	30代	40代	50代
1	主な出来事					
2	興味があったこと好きだったこと					
3	なりたかった職業に関すること					
4	人間関係に関すること					

2　ライフラインチャート

	誕生	年・歳頃	年・歳頃	年・歳頃	年・歳頃	現在
高い						
満足度						
低い						

3　アクションプラン

目標	現在（　歳）	1年後（　歳）	5年後（　歳）	10年後（　歳）
キャリアプラン（仕事）				
ライフプラン				

これらは「アセスメントツール」といい，各項目に相談者が自分の言葉で書き込んでいきます。キャリアコンサルティングを行ううえで，必要な時に使用します。これにより，自分の**「人生の棚卸」**ができます。自分のことを客観的に紙へ落とし込んで，過去から現在そして未来へと，今後のキャリアについて考えるきっかけになります。

　みなさんもぜひペンを片手に取り組んでみてください。

◆ ライフステージチェックシートの使い方

　まずは，ライフステージチェックシートを用いて，自分の人生を振り返ってみましょう。1 〜 4 の質問について，学生時代→20代→30代→40代→50代と，これまでの棚卸をします。30代の方は30代まで，60代以上の方は枠を増やしてご記入ください。「あんなことあったなぁ，こんなことあったなぁ…」と思い出しながら書いてくださいね。

　書き上げたら，じーっと眺めてみましょう。そして，気になる部分を赤でチェックします。なぜキーワードが繰り返されているのか，強烈な言葉が書いてあるのかなどから，**内省**（自分の考えや行動などを深く省みること）を行います。

　そして，年代ごとにタイトルをつけてください。たとえば，学生時代は「お気楽期」，20代は「模索期」，30代は「発見期」など，何でも構いません。自由な発想で考えてみましょう。こうすることで，年代ごとの自分の特徴がわかります。他に年齢に関係なく共通する部分も見えてきますよ。

◆ ライフラインチャートの使い方

　次に，ライフラインチャートを用いて，生まれたときを起点に，そこから上へ満足度が高く，下へ満足度が低いというように，なめらかな曲線を描いてこれまでの人生をグラフに表します。

　何か大きな出来事や印象に残っていることがあれば，そのグラフの曲線の上や下にコメントを書いておいてもよいでしょう。

■ライフラインチャートの一例■

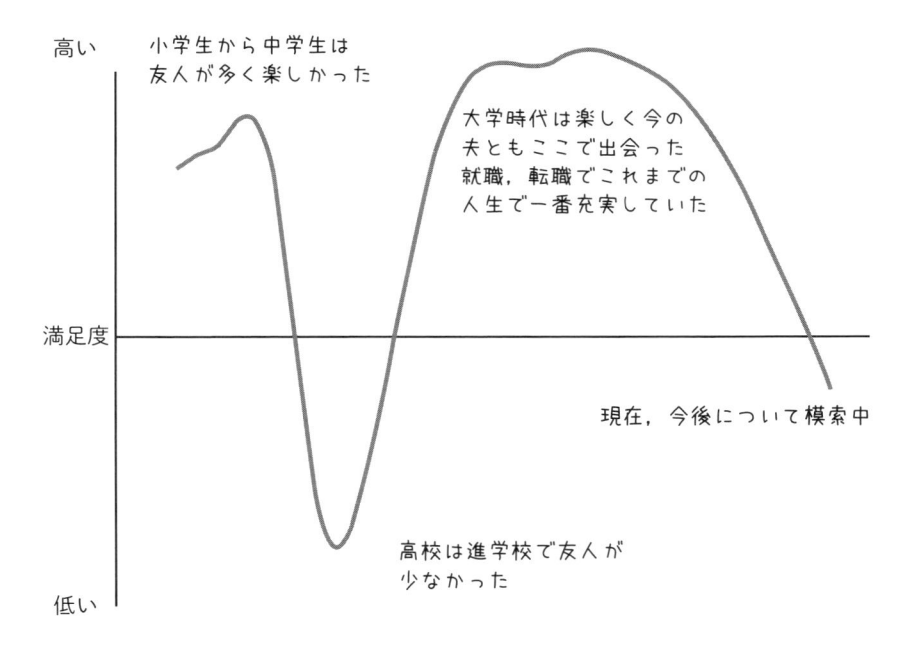

　今回の相談者に書いてもらったライフステージチェックシートを見ると，学生時代と20代は，ゲームと漫画と勉強が好きで，高校生の頃から人間関係が少し億劫になってきたようです。

　30代では，仕事は生活のためと割り切って，でもしっかりと責任を持ってやり遂げるようになった。お金のことを気にしなくてよい人生を送りたい，たとえば迷うことなく1,000円のランチを毎日食べるような感じ，とイメージされていました。

　また，ライフラインチャートを見ると，小中学校は友人が多くてグラフがほぼ天井に達するほど充実していました。その時期は「楽しかった」と

書いています。そして高校時代に入ると一気にグラフは急降下して「友人なし，進学校」とあります。

再びグラフは急上昇して大学時代へ。友人がたくさんいて楽しかった。今の夫ともここで知り合う。その後公認会計士となり，数回転職を繰り返している時も満足度は非常に高いレベルにいたようです。

このように，存分に時間を使って自分の人生を棚卸し，普段あまり考えない自分自身のことを振り返ってもらいました。

◆ アクションプランの使い方

次は，将来についてです。そこで，アクションプランの登場です。これは，現在から始まり，1年後，5年後，10年後と書き進めていきます。

今回の相談者に書いてもらったアクションプランでは，現在は，今の仕事とプライベートな状況について書いてあり，1年後は「仕事で年収800〜1,000万円」としっかり書かれていました。そして，5年後を見ると，これに加えて「フリーランス」というキーワードが登場し，10年後は5年後の内容がそのまま繰り返されていました。

彼女のアクションプランを見て，すぐに気づいたことがあります。それは，**今の会社は相談者が考える未来にはどこにも当てはまらない**，ということです。このことを相談者に伝えると「あ！ほんとですね…。」と驚いていました。

「ということは，転職されることは間違いなさそうな気がしますが，いかがですか？」と問いかけました。すると相談者は少し照れたような顔をしてから，すぐに真剣な表情になり，黙って深く頷きました。**非言語での意思確認ができた瞬間**でした。

このように2回目はさまざまなツールを使って，相談者の人生の振返りと，これからについて考えてもらいました。そして，**ここで相談者は転職**

の意思決定をしました。面談の残り時間では，相談者が考える転職方法を
たくさん話していただきました。とても頭の良い方で，これまでも転職経
験があるので，随分と具体的にイメージされていました。

◆ 3回目の面談──マンダラチャートを活用する

3回目の面談前に相談者から以下のようなメールが届きました。

　○月○日に新しい会社の内定をもらったので，今の会社は△月△日
で終了です。残った有給休暇を取って，○月○日から新たな会社で働
きます。

　次の会社も財務部なので，業務の内容は似ています。しかし，次の
会社の人事からは，「経理部長候補として採用するので1年後に経理
部長としての能力が備わっているように」という宿題を課されています。

　管理職経験がないのに，そういう形で採用してもらえたのは，幸運
（光栄）なことですが，どうしていけばよいかは試行錯誤中です。また，
残りの有給休暇をうまく活用して，新しい仕事につなげたいとも思っ
ているのですが，どのように過ごせばよいかも迷っています。

　相談者は，新しい会社に転職することが決まり，管理職候補として採用
されました。年収は800万円からスタートし，1年後には経理部長として
年収1,000万円を約束されています。それと同時に，新たな悩みが出てき
たようです。

　さて，いよいよ最終回の面談。相談者のメールにあったように，「管理
職経験がないため，どうしていけばよいか。また，その初出勤日までに残
りの有給休暇を消化して，その時間をうまく活用して次の仕事につなげた
い」という，新たな相談内容が出てきました。そのため，あるツールを

使った「**目標設定**」についてのキャリアコンサルティングを行いました。

◆ マンダラチャートの使い方

そのツールとは「マンダラチャート」です。これは，米メジャーリーグ選手の大谷翔平氏が高校生時代に活用していたことでも有名です。

マンダラチャートは，合計81個のマス目から構成されており，中央に自分が達成したい目標を書き，それを取り囲むマスに目標を達成するために必要な要素を書くといったものです。

このマンダラチャートを仕上げるまでには結構な時間がかかります。今回の相談者も，「もう，書けません」と途中でギブアップしそうになりました。しかし，人生の中でこんなにも自分自身と向き合うことはそう滅多にありません。そのことを理解していただき，時間をかけてすべてのマスを記入してもらいます。

今回の相談者がこのマンダラチャートを使って立てた目標は，メールの内容にもあったように「**1 年後年収1,000万の経理部長**」です。あとはこの完成したチャートに沿って，書いてあることを実行するだけです。

これで全3回のキャリアコンサルティングが終了しました。最後に面談の振り返りを行うと，「こんなにも自分のことを誰かにたくさん話すことは滅多になくて，話すことで考えがまとまっていった。アイデアを出すためのツールや自分の現状を数値化するなど，今まで取り組んだことのないことが多く役に立ちました。」と満足していただけました。

このように社会人の転職に関しても信頼していただき，**相談者の望む結果に近づくようサポートすること**が，キャリアコンサルタントには求められます。

■ 1 年後年収1,000万円になるマンダラチャート ■

① 何人いるのか	② 男女比率	③ それぞれの業務内容把握
④ それぞれ何時に出勤	**質問** 社内部下とのコミュニケーション	⑤ それぞれ何時に退社
⑥ 1人ずつランチに誘う	⑦ 定期的にミーティング	⑧ ひとりひとりの価値観

① 父親に教えてもらう	② 日常的に素振りを行う	③ プレー回数を決める
④ 道具を見直す	**質問** ゴルフが上手になる	⑤ 動きやすくデザイン性の高いウェアを探す
⑥ 教室を探す	⑦ なぜゴルフなのか	⑧ 本を読む

① 自分で調べる	② 関連書籍を読む	③ 社内でモデルになるような人を探す
④ 高まったあと何をしているか想像してみる	**質問** 自身のマネージメント能力を高める	⑤ 会社が求めるマネージメントを知る
⑥ 社外でモデルになるような人を探す	⑦ 効果は何があるか	⑧ 自分の可能性について

① 管理職の種類	② 関連書籍を読む	③ これまでの尊敬する管理職
④ これまであまり良くなかった管理職	**質問** 役職（管理職）とは何か	⑤ 管理職としてのふるまい
⑥ 部下からどのように見られたいか	⑦ 管理職になるメリット	⑧ 管理職になるデメリット

① 社内部下とのコミュニケーション	② ゴルフが上手になる	③ 自身のマネージメント能力を高める
④ 役職（管理職）とは何か	**基になる問い** 1年後年収1000万円になる	⑤ プライベートの充実
⑥ 社内上司とのコミュニケーション	⑦ 経理部長としての能力を知る	⑧ 健康維持する

① 休日の過ごし方	② 趣味について考えてみる	③ 仕事（時間）について考えてみる
④ 両親の今後について	**質問** プライベートの充実	⑤ 会社員をずっと続けるライフプラン
⑥ 自分の好きなもの	⑦ 自分の嫌いなもの	⑧ ご近所付き合い

① 社内上司何人いるか	② 男女比	③ 自分がどう見られているか
④ それぞれの性格	**質問** 社内上司とのコミュニケーション	⑤ 上司の好きなもの
⑥ 上司の嫌いなもの	⑦ 上司の価値観	⑧ 自分が上司とどのように関わりたいか

① 経理部長とは	② 部長としての機能とは	③ 部下が何人いるか
④ 経理に携わる人たちとは	**質問** 経理部長としての能力を知る	⑤ 社内の人間関係を知る
⑥ この会社の歴史を知る	⑦ 1年後経理部長になっている自分を想像する	⑧ 協力者をみつける

① 健康とはどのような状態なのか	② 現在の体調	③ 食事の見直し
④ 食事時間の見直し	**質問** 健康維持する	⑤ 適切な睡眠時間
⑥ 運動量について	⑦ 家族の体調	⑧ 気になっていること

3 企業で働く人のキャリアコンサルティングをする仕事

　ある日，「キャリアコンサルティング技能士検索サイト」を通じて，中小企業の経営者から，「助成金制度を利用して従業員にキャリアコンサルティングをしてもらいたい」と私のところに依頼がありました。

　このキャリアコンサルティング技能士検索サイトは，誰でも閲覧でき，登録しているキャリアコンサルティング技能士に仕事の依頼ができます。
　また，「キャリコンサーチ（キャリアコンサルタント検索システム）」では，国家資格のキャリアコンサルタントを探すことができます。
　これらに登録しておくと，ここから仕事のオファーがきます。これまで私も職業訓練校の講師，大学のキャリアセンター，企業内キャリアコンサルティングなど多数の依頼を受けました。登録は無料なので，資格を取得された方は忘れずに登録してくださいね。

　私は助成金制度を利用したキャリアコンサルティング経験が多数あり，検索サイトでも紹介していたので依頼されたようです。
　早速，打ち合わせに出向くと，経営者からは，「従業員の中でも特にある3人と話をしてもらいたい」という要望がありました。経営者から見て，それぞれの従業員へ伝えたいことがあるようですが，それをうまく伝えられずに困っていたところ，助成金を活用したキャリアコンサルティングというものがあることを知ったと話していました。

◆企業内キャリアコンサルティングとは？

　今回のような企業内のキャリアコンサルティングでは，**従業員（クライ**

エント）への対応をします。主な相談内容としては，異動や昇進に伴う仕事内容の変化，モチベーションの低下，キャリアアップ，時短勤務で働く女性の悩み，有期契約に関する問題，メンタルヘルス問題などです。

　一般的に，以下のようなプロセスで相談を進めます。

■相談のプロセス■

❶　導入段階（聴く，質問する）
❷　整理段階（整理する，説明する，リファーする）
　☞「リファー」とは，その相談者にとって適切な相談機関があると判断した場合，相談者に同意を得た上でその相談機関を紹介し，相談内容の引継ぎを行うことをいいます。
❸　展開段階（確認する，掘り下げる，働きかける）

　キャリアコンサルタントには，**「保健室の先生」**のような役割があると感じています。小・中学校の頃，お腹が痛くなったり，ケガをしたりしたときに保健室を利用しませんでしたか。もしかしたら仮病で保健室に行き，少し気分が落ち着いたら教室に戻る，という経験もあるかもしれません。

　社会人になると，社内にはこのような保健室は見当たらず，つらいときはお手洗いの個室でやり過ごす程度ではないでしょうか。仕事や家庭のことなどで相談したいと思っても，それを受け入れてくれる場所は会社にはありません。上司や同僚に相談して余計に話がややこしくなってしまい，「相談するんじゃなかった…」と後悔することもありえるでしょう。

　そんなつらい気持ちのまま，だましだまし通勤していると，ある日突然，発熱や無気力など，心身のさまざまな症状が出始めます。そして最終的には体調不良で病院へ…ということが，現代社会では少なくありません。そうまでならないと，会社側も従業員の不調に気づけないのです。

　しかし，それでは手遅れです。そのため，政府は企業等におけるキャリア形成支援として「セルフ・キャリアドック」という制度を導入しました。

この制度は，企業にも従業員にもメリットがあります。企業にとっては，助成金を活用して無料で利用でき，人材の定着や従業員の意識向上によって組織の活性化が促されます。従業員にとっては，キャリアについて考える時間を持つことで，仕事へのモチベーションアップが期待できます。

　具体的な方法としては，少数のグループまたは1対1で行います。少数のグループの場合は，キャリアコンサルタントが多くの従業員にキャリアについて考えるきっかけを効率よく提供します。1対1の場合は，個人の課題を把握，整理し，その解決をサポートすることができます。キャリアコンサルタントはこのとき，**従業員と企業の架け橋の役割**を果たします。そのため，キャリアコンサルタントは中立的な立場を常に意識します。

　このことはキャリアコンサルタント倫理綱領にも示されており，キャリアコンサルタントは常にこれを意識しながら相談業務を行います。

■キャリアコンサルタント倫理綱領■

（組織との関係）

第11条　組織との契約関係にあるキャリアコンサルタントは，キャリアコンサルティングを行うにあたり，相談者に対する支援だけでは解決できない環境の問題や，相談者の利益を損なう問題等を発見した場合には，相談者の了解を得て，組織への問題の報告・指摘・改善提案等の環境への働きかけに努めなければならない。

2　キャリアコンサルタントは，キャリアコンサルティングの契約関係にある組織等と相談者との間に利益が相反するおそれがある場合には，事実関係を明らかにした上で，相談者の了解のもとに職務の遂行に努めなければならない。

◆実際の企業内キャリアコンサルティング

　今回の事例でもう一つ経営者が望んでいたことがあります。それはそれぞれの従業員が会社に対してどのように思っているか知りたいということでした。

　ここで1点，キャリアコンサルタントとして非常に大事なことを経営者に伝えました。それは「守秘義務」です。**キャリアコンサルタントには守秘義務があります**。そのため，相談者がキャリアコンサルティングで話した内容は口外してはなりません（自殺したい，他人に危害を加えるなどの緊急事態は除きます）。

■キャリアコンサルタント倫理綱領■

> **（守秘義務）**
> **第5条**　キャリアコンサルタントは，キャリアコンサルティングを通じて，職務上知り得た事実，資料，情報について守秘義務を負う。但し，身体・生命の危険が察知される場合，又は法律に定めのある場合等は，この限りではない。

　このことを踏まえて次のように伝えました。

　「もし，相談者の話した内容が知りたいということであれば，相談者に"この時間は業務の一環のため，会社に報告します"と伝えて，それ以外には口外しない旨の説明が必要です。」

　それを聞いた経営者は少し考えていました。「それを言うと本音が出てこないかもしれない…」ということです。

　経営者は従業員の本音が知りたいのです。しかし，もし会社に報告するなら，なかなか本音が出てこないはずです。会社に報告せず，誰にも口外しないということであれば，ある程度，本音を語ってくれることでしょう。

経営者は悩んだ結果，「話した内容を知りたいので，そのように伝えてください」と決断されました。そうして相談者には相談の冒頭で守秘義務について説明する際に，「この時間は業務の一環のため，会社に報告します」と伝えることになりました。

　それから3人のキャリアコンサルティングを行うため，具体的な計画を立てました。同じ日の業務時間内に1人60分の相談を3人続けて行います。場所は，人の出入りがなく，他人に話を聴かれることはないような，比較的隔離された社内の会議室にしました。「何をするのか」ということは，あらかじめ経営者から対象者へ説明していただけることになりました。

　さて，当日の様子です。まず，守秘義務を伝えて話を聴きました。60分間の相談時間における最初の内容を要約すると，以下のとおりです。

20代男性社員

　大学在学中にアルバイトとしてこの会社に勤務し，大学卒業と同時にそのまま就職，現在2年目となる。少し人見知りがあり，営業的なことは苦手。ここを克服したいと考えている。

▶キャリアコンサルタントが行ったこと

　苦手分野を克服したい気持ちについて聴くとともに，得意なことについても語ってもらい，それぞれを比較するような形で対話を進めた。

30代男性社員

　何度か転職を繰り返し，経営者の友人からこの会社を紹介してもらい就職した。仕事は前向きに取り組んでいる様子。社内の人間関係が少し気になるが，誰にも相談できずに悩んでいる。

▶**キャリアコンサルタントが行ったこと**

　気になる社内の人間関係について，思う存分話してもらった。すると人間関係以外のことも話し出し，これについてもしっかりと傾聴を行った。

　30代女性社員

　もうずっと辞めたいと思いながら３年間仕事を続けている。しかし，家庭の事情やこの社内の仲間のことを考えると辞めるにやめられない。上司とソリが合わない。

▶**キャリアコンサルタントが行ったこと**

　辞めようと思ったきっかけと上司とのことについて深く傾聴を行った。

　これだけでもみなさんの思いがそれぞれにある様子が伝わってきます。そして，中盤には「目標」などについて問いかけました。

　20代男性社員

　ある程度今の業務を１人でできるようになってきたため，新しいことにチャレンジしたい，そのために人見知りを克服したい気持ちがますます強くなってきた。給料面でも会社から４月より昇給といわれていて，それに応えたいと考えている。

　30代男性社員

　経営の観点で大事な経理を学びたいと考えている。自分自身の成長のためにも自分に負荷をかけたいと思っている。会社のビジョンがわからない。それは他の従業員も同じように感じている。会社がどこへ向かっているのかが知りたい。

 **30代女性社員**

　会社にいることはプライベートを充実させるための1つのツールにすぎない。自分は判断力がなく，頑固。今日の話は全部会社に伝えてもらっても構わない。上司も頑固，自分も頑固。それに気づいた。

　このように中盤になってくると各々の本音がだんだんと出てきます。従業員の方々は会社に自分の正直な気持ちを伝えたいと思っている様子です。
　終了後，今日，気づいた点と感想の2つを聴きました。

 20代男性社員

▶気づいた点

　人見知りは悪いことではなく，自分の個性だということ。

▶感想

　自分はあまり何も考えていないかもしれないなと思った。

 **30代男性社員**

▶気づいた点

　社内の人以外と仕事のことを話すと整理される。自身は会社に対してそんなに反抗的ではないことを話しているうちに感じた。

▶感想

　話してスッキリした。

 **30代女性社員**

▶気づいた点

　自分がとても頑固だということ，上司と自分はお互いにとても頑固。

▶感想

　話してホッとした。久しぶりに人に話を聴いてもらえた。よかった。

　これで，対象となった3人のキャリアコンサルティングが終了しました。この後，従業員の相談内容を偏ることがないよう慎重に経営者へ報告しました。経営者の表情からは，「やっぱり」という納得と，「えっ！？」という驚きが読み取れました。

　結果として，経営者は「これで従業員の気持ちがわかりました。それぞれへの対応やスキルアップなどについても今後検討します」と先が見えたような表情をされていました。

　企業内キャリアコンサルタントとしての役割は，あくまで中立的な立場でキャリアコンサルティングを行うということです。

　特に企業に属している社内キャリアコンサルタントは，その企業から給料をもらっているという立場上，なかなかこのようなスタンスでキャリアコンサルティングに取り組むことが難しいかもしれません。しかし，これはフリーのキャリアコンサルタントでも依頼をいただいた企業から報酬を受け取るという意味では同じでしょう。そのため，常に「キャリアコンサルタント倫理綱領」を念頭に置いて業務を遂行する必要があります。

キャリアコンサルタント

8人のある1日

1 企業で働くキャリアコンサルタントの1日

キャリアコンサルタントはさまざまな業界で活躍をしています。実際に，どこでどんな仕事をしているのでしょうか。

本章では，私の周りにいるキャリアコンサルタント8人への取材を基に，「ある1日の流れ」をまとめました。業界によって働き方の違いなども見えてくるはずです。

まずは，企業内キャリアコンサルタントとして働く方々をご紹介します。

◆IT企業で働くキャリアコンサルタントのある1日

1人目は人材派遣会社で勤務される男性にお話しを伺いました。

キャリアコンサルタントに必要な情報を毎日，主に午前中にブラッシュアップされていて，ファシリテーションも上手に行われている様子が伺えます。ファシリテーションとは会議やミーティングの際における舵取り役，もっとわかりやすく言うと司会のことですね。

午後からは実際のキャリアコンサルタントとしての実務に取り組まれている様子がわかります。これ以外にも外部とのやり取りなどが行われています。

Schedule	
5:30 起床 ⏰	ワンちゃんの散歩。散歩中にカウンセリングのイメージトレーニングを行う。
7:30 出勤 🚃	約40分間，朝刊に目を通し，労働政策や労働市場

		の動向を中心に情報収集。
9:00	出社 🏢	グループウェアにログインし，取引先や社内からのメールを確認し，すぐに必要な対応をとる。その後，労働政策・研修機構，人事系，ビジネス系のメルマガに順次目を通す。
11:00	営業会議 👥	必要な時には適宜，営業会議を開く。私がファシリテーターとして，特に社員技術者の最適配置や個別事情などの問題解決のための活動促進を行う。
13:00	業務報告書のチェック 📇	社員技術者からの業務報告書をチェック。この中には「キャリア相談要否」欄があり，「要」としている社員技術者に対してメールベースでのカウンセリングを行う。
14:00	営業の来訪対応 👫	業務上の取引先や求人広告業者の応対を行う。
16:00	社員技術者のキャリア形成支援 📇	労働者派遣法の要求事項であるキャリア形成支援制度の教育訓練カリキュラムの充実化を常時行っている。また，本制度で規定するキャリアコンサルティング相談窓口に直接，申込みがあればスケジュール化し，実施する。
19:30	退社 🚃	通勤電車の約30分間，カウンセリングのイメージトレーニングや右脳開発トレーニングを行っている。
20:00	帰宅 🏠	ワンちゃんの散歩。散歩中に 1 日を振り返り，反省点がないか考える。ワンちゃんの散歩で始まり，散歩で終わる毎日。

◆人材サービス会社で働くキャリアコンサルタントの ある1日

　2人目は人材派遣会社で勤務される女性のある1日です。

　午前中は主に社内での業務確認や調整をされている様子が伺えますね。その際に相談の申込みなども含まれていることがわかります。

　お昼時も相談電話などがあるようで，テキパキ仕事をされています。

　昼以降は面談が中心となり，時には相談者の都合に合わせた遅い時間の対応なども見受けられます。

　積極的に社外の研修等に参加されるなど，自己研鑽に励まれています。

Schedule

8:00	出社 🏢	パソコンを立ち上げて1日の予定，メールを確認。その後，朝礼で当日の業務の予定について部内の全員で共有する。
9:00	スケジュール調整 👥	求職者との面談は主に午後からが多いため，所属する本社のキャリアカウンセリングの申込みを確認し，その方の業務の予定に合わせ，スケジュールを組んでいく。グループ会社のキャリアカウンセリングの予定も入るため本人のシフトを確認し，メールにてスケジュールを決定する。
12:00	昼休憩 🍙	手軽に食べることができる「おにぎり」をほぼ毎日持参。相談電話などが入る場合もあるため，社内で済ませるのが通常のパターン（午後が外出の予定であれば時間を調整して移動）。
13:00	面談 👥	アポイントがあった求職者と面談。その人の経歴，興味，目標などをヒアリングしながら，1人あたり

50〜60分程度の時間で最適な仕事を一緒に考えていく。

15:00　**打合せ** 👥

広告会社の営業担当者と会社説明会について打ち合わせをする。その他，午後に集中してアポイントを入れる。希望に応じ，スタッフの面談を行う場合もある。

17:00　**営業所との調整等** 💼

面談をした求職者の内容をまとめ，出先営業所と調整し，ご本人の方向性を決めていく。求職者と電話やメールでのやりとりもある。別途，メールでの求職者の応募状況に合わせて面談日程を調整する。

19:00　**1日の整理** 💼

今後の会社説明会，面談予定についてまとめたり，本日の業務をまとめたり整理をする。時にはシフトの関係でこの時間から60分程度キャリアカウンセリングに入る場合もある。

20:00　**退社** 💻

メールチェックなどを終えたら帰宅。業務が立て込んでいない日は，あまり残業をしないように心がけている。また，自己研鑽のために，いろいろな本を購入し時間があれば目を通すようにしている。その他社外で行われる研修へ積極的に参加している。

 海外出張

　海外にも支店があるため，海外出張となる場合もある。主に現地スタッフとの面談や日本語研修，その他座学の研修などを行っている。

2 需給調整機関・公的機関で働く キャリアコンサルタントの１日

◆求職者専門相談員として働くキャリアコンサルタント のある１日

　３人目は需給調整機関（ハローワーク，地域若者ステーション等）で勤務される女性の１日です。午前中から求職者への相談業務が行われていますね。お昼休憩時に上手に気分転換をされて午後からの業務に取り組まれています。午後からはセミナー運営等の調整も行いながらマッチング業務を行われており，結果を求められる仕事だということが目に浮かびますね。

Schedule

9:20	出社 🏢	パソコンを立ち上げ部署内メールの確認。朝礼でイベント等連絡事項を共有。スケジュール表で本日の予約状況および他のスタッフの予定を確認。
10:00	カウンセリング 👤	失業給付などの資格決定で来所された求職者に経歴，退職理由，今後の目標等ヒアリングを行う。求人検索方法や求人情報提供を行う。求職者の心境によりカウンセリングで終えることも。一人当たり40〜50分程度が多い。
12:00	休憩 🍴	気分転換に職場近くのお店で食事とショッピング。
13:00	出張 🚃	来月開催予定のセミナーに向けて講師依頼の挨拶に伺うため，レジュメを持参し上司と出向く。

14:00	ミーティング 👥	セミナー運営に向けて，レジュメをもとに当日の流れおよびねらいを伝え，了承をいただく。最近の求人状況や課題等情報交換。
16:00	カウンセリングと事業所にリクエスト紹介の案内 👤	出張から戻り，個別担当の求職者への対応。情報提供した求人の見学・面接の報告聴取。さらなるマッチングを図るため他の求人提案を行うも無効求人のため，事業所担当者に募集状況を確認し情報提供による更新手続きの依頼。
17:00	案件整理・日報提出 👤	本日の相談記録を文書にまとめ，実績の提出。明日の予約の確認。個人情報に関する書類の整理およびシュレッダー処理で，机周りの整理をして 1 日の業務終了。
18:30	帰宅 🏠	帰宅し，洗濯物を取り入れて，コーヒーを飲んでひと息。主人の帰りを待ち，一緒に買い物に。
21:00	勉強 ⚓	家事がひと段落ついたら，相談業務に役立つビジネス本を読んだりネット検索したり勉強。

◆ 公的機関で働くキャリアコンサルタントのある 1 日（非常勤，有期契約）

　時間短縮勤務をする男性の早番の 1 日です。午前中は利用者の相談業務を精力的に行い，仕事のやりがいも感じていらっしゃいます。

　昼食はキャリアコンサルタント仲間と雑談しながら，情報共有，交換などあるのでしょう。午後からはセミナー講師として活躍されている様子がわかります。キャリアコンサルタントとしての仕事内容の一面です。

　時間短縮勤務のため16時で退社し，そのあとの時間を積極的に自己研鑽

のために活用しています。

Schedule

8:30 出社 🏢
交代制で本日は早番で出勤。職業相談窓口の自分の席に着く。キャリアコンサルティングに使用するパソコンはすでに立ち上がっているので，いつでも相談できるようにスタンバイ。

9:00 施設オープン，カウンセリング開始 ⛏
施設がオープンしたら，すぐに相談を希望する利用者がいるので順番に対応。自分で求人情報を選んでいる人もいれば，就職活動は一体何から始めたらいいのか，という相談を持ちかける人もいる。また，積極的に就職活動をして，複数の会社に応募しているにもかかわらずなかなか良い結果にならず悩んでいる人もいる。
単に，求人紹介だけを希望しているようで，話を聞いてみると実はなかなか就職できなくて困っているということもあり，できるだけ短い時間でその人のニーズを的確に引き出す必要がある。これこそが自分の仕事のやりがいにもつながっている。

12:00 昼休憩 🍙
職場の近くにはあまり食事ができるところがないので，お弁当を持参したりコンビニで買って行ったりしている。休憩室で他のキャリアコンサルタント達と雑談をしながら昼食を取る。

13:00 セミナー準備 📝
昼から応募書類作成のセミナーがあるので準備。事前に申込みのあった人数分プラスアルファの資料を用意し，会場となる会議室へ持って行って会場の設営もする。

13:45	**受付スタート 🔒**	受付をしながら，今回参加される方の性別や年齢層などを見て，その日話す内容を少し修正しなければなどと考える。
14:00	**セミナー開始 👨‍🏫**	できるだけわかりやすいように，楽しく聞いてもらえるように，ということを心がけながら話をする。時間は少し長めに設定しているので，セミナー修了後，個別に質問などを受け付ける。
15:30	**窓口対応 👥**	会場を片付けて自分の席へ戻る。そこから引き続き午前中と同じように窓口の対応をする。
16:00	**退社 🚃**	日によってはこの時間，結構混んでいることもあるが，上司から残業しないように言われているので後ろ髪を引かれる思いで職場を後にする。早番の日はアフター5ならぬアフター4ということになり，仕事が終わってからのプライベートな時間も結構たくさん取ることができるので，少し遠い場所で行われる勉強会やセミナー，講演会などにも参加しやすく，ありがたい。もちろん毎日行っているわけではないので，特に予定のない日は書店に寄って参考になりそうな本を物色したり，夕食の食材を買い込んだりして家に帰る。
18:00	**帰宅 🏠**	予定がない日はこれくらいの時間には家に帰るようにしている。そして食事や入浴などを済ませ，次のセミナーのための準備や，キャリアコンサルティングなどの技法をブラッシュアップするための時間として使うようにしている。

◆公的機関で正規職員として働くキャリアコンサルタントのある1日

公務員として働く男性キャリアコンサルタントの1日です。

キャリアコンサルタントのまとめ役としてマネジメント業務が中心です。それと同時にご自身もキャリアコンサルタントとして現場で相談業務を行い感覚が鈍らないよう，努力されている姿がありますね。

業務終了後も，守秘義務が課せられているキャリアコンサルタントとしての姿勢を守られています。また仲間内で勉強会を開催するなど，自己研鑽の場を設けながら，プライベートも大切にされていますね。

Schedule

8:00 出社🏢	8時30分始業だが，準備があるのでいつも早めに出勤して，業務で使うパソコンなどに電源を入れて8時30分の施設オープンに備える。その日のスケジュールや業務メールなどを確認する。
8:30 施設オープン👤	施設オープンとともに利用者を迎え入れる。窓口対応は非常勤キャリアコンサルタントに任せているが，混雑時には自分も窓口に出て対応。基本的にはイベントの企画や上部組織からの指示に対応したり，窓口の利用者数や非常勤キャリアコンサルタントの対応人数などを管理したりというマネジメント業務を行う。
12:00 昼休憩🍽	キャリアコンサルタントは相談者との関係構築が重要だが，同じ職場の人間関係の中でも信頼関係を築くことも重要なので，非常勤キャリアコンサルタントと一緒に昼食をとり，お互いフランクな話ができるよう心がけている。

| 13:00 | **事務作業** | 午前中に引き続き，マネジメント業務をこなす。窓口が混雑してきた時には自分も相談対応をする。せっかく資格も取ったので，直接相談者の対応ができる時間は非常に貴重。自分がどの程度対応できるのかを考えながら，今後もさらに勉強していかなければいけないと実感する。 |

| 17:00 | **窓口対応** | まもなく終了時間だが，窓口の利用を希望する人が増えてくるため，相談希望者の人数を見ながら，自分以外の正規職員も窓口へ出て対応する。 |

| 17:30 | **施設クローズ** | 窓口対応を済ませて施設をクローズする。期限が迫っている報告で，未処理のものがあれば残業。また，イベントなどの準備も余裕をもって進めなければならないので，準備作業を行うこともある。 |

| 19:00 | **退社** | 金曜日には同僚達と飲みに行くことも。個人情報を扱う仕事なので，仕事の話はあまりせず，たわいもない話をしながら1週間のストレスを発散。帰宅したら翌日の勉強会の準備をして，できるだけ早めに就寝。 |

 週末の過ごし方

土曜日　毎週ではないが，仲間内での勉強会に参加。意欲のある人たちが集まっているので，お互いに良い刺激になっている。

日曜日　家族サービスや自分の趣味に時間を費やす。翌日からの仕事に支障が出ないようほどほどに。体を休めることも意識している。

3 教育機関で働くキャリアコンサルタントの1日

◆ 職業訓練校で働くキャリアコンサルタントの1日

　求職者支援訓練の職業訓練校で勤務される女性の1日です。固定した相談者を多く受け持ち，授業も行うなど，やりがいのありそうな内容ですね。

Schedule	
9:30　**出社**	自分のデスクでメール等のチェックを行う。
10:00　**授業**	授業のあるときは講師としてそれぞれの教室に行く。主にジョブカードの作成の説明や面接時の練習など就職に役立つ内容の授業を行う。
12:00　**相談**	昼休みには，訓練生が就職相談などに来ることがあるため，自分自身の昼休憩は少しずらす。
13:00　**昼休憩**	少し遅めの昼休憩。
14:00　**相談**	訓練生1人ずつのキャリアコンサルティングを1回20〜30分程度行う。個人の気持ちを大切に，修了までどのように就職活動を進めるかをサポート。
17:00　**ミーティング**	訓練校の関係者と各教室の雰囲気や就職状況などを情報共有。特に就職活動がうまくいっているクラスに関して担任に詳しく聴くことが多い。
19:00　**退社**	残務を少し処理して，明日の準備をしてから帰宅。

◆ある大学のキャリアセンターで働くキャリアコンサルタント（非常勤）

　大学のキャリアセンターで非常勤として週 3 回程度勤務する女性の 1 日です。現在の就活スケジュールでは，1 年で一番忙しいのが冬～春にかけてで，その時期は出勤日数が増えることもあるようです。

　家族の介護があるため非常勤を選んだようです。キャリアコンサルタントはさまざまな働き方ができることも魅力の 1 つですね。

Schedule

10:30	出社 🏢	11 時からキャリアコンサルティング開始。ある学生の今後の就職活動の相談と履歴書の添削を行う。
12:30	相談 👥	学生の昼休み。このときに多くの学生がキャリアセンターに訪ねてくるので待機している。模擬面接や履歴書作成の予約が入っていることもある。
13:30	昼休憩 🛏	自分自身の昼休憩。基本的には，お弁当を持参。
14:30	打合せ 👥	さまざまな企業に，学内企業説明会のため本校へ出向いて頂くため，その準備など行い，来校時の対応をする。
16:00	誘導 ✈	学内企業説明会に参加する学生の誘導や着席後の諸注意等を行う。
17:00	説明会 📱	学内での企業説明会が開始。プレゼン後，質疑応答などを受け付ける。最後にアンケートを回収し，会場の片付け。
19:00	退社 👾	片付けが終わったら帰宅する。

4 社会保険労務士事務所で働くキャリアコンサルタントの１日

◆ 社会保険労務士として働くキャリアコンサルタントの１日

　最後は社会保険労務士とキャリアコンサルタントのダブルライセンスをもつ男性のある１日です。事務所を運営されているので，経営者としての手腕も発揮しています。

　「採用についての相談が増えている」ということから，ここはキャリアコンサルタントとしての腕の見せ所ではないでしょうか。

　あまり無理されないようにと少し心配になりますが，とても精力的に業務に当たられている様子がわかります。

Schedule

7:00	起床 ⏰	１日乗り切れるように好きな音楽を聴いて，朝の支度をしながらテンションを上げる。
9:00	打合せ 👥	新人の指導と本日の業務の打合せ。
10:00	メールや電話対応 💁	午前中は事務所内で企業から届いたメールをチェックし返信する。また，企業からのお問い合わせの電話にも対応する。
13:00	企業訪問 🚶	顧問先への企業訪問。新しい情報を提供しつつ，キャリアコンサルティングの日程調整を行う。

15：00	昼休憩 🍴	メール，電話，企業訪問が連続であり，やっと時間がとれてランチを食べる。
16：00	企業訪問 👫	顧問先への企業訪問。採用についての相談が増えているため，今後の採用計画を一緒に考える。キャリアコンサルティングを定期的に行うような提案をする。
18：00	帰社	本日の業務報告を部下から提示してもらい，改善点を指摘する。
21：00	書類作成	案件ごとに書類の作成を行う。
23：00	退社	メールチェックをして，1 日の業務を終える。

5 さまざまなフィールドで活躍する キャリアコンサルタント

いかがでしょうか。普段なかなか知ることのない，いろいろな業務内容がありましたね。これらはほんの一部です。

私自身としては，今後キャリアコンサルタント同士が知り合える場の提供を積極的に行う予定です。その第一歩として毎月1回「ロールプレイ勉強会」を開催しています。ここにはキャリアコンサルタントを目指す人，すでにキャリアコンサルタントの人，キャリアコンサルタントに興味のある人などが参加されています。1回の参加者は約10～20名程度で，遠方からわざわざお越しになる方々もいます。

普段，なかなか他のキャリアコンサルタントと知り合う機会がないため，こういった場を提供することによりキャリアコンサルタント同士の情報交換などを目的としています。

さまざまなフィールドで活躍するからこそ，キャリアコンサルタント同士でつながりを持ち，社会貢献を通じて各キャリアコンサルタントの自己研鑽のお役に立てればと考えています。

キャリアコンサルタントに

なるには？

1 どうすれば「キャリアコンサルタント」を名乗れるの？

「キャリアコンサルタント」と名乗るためには，キャリアコンサルタント名簿への登録が必要です。その名簿への登録対象者は以下のとおりです。

■キャリアコンサルタント名簿への登録対象者■

❶ キャリアコンサルタント試験合格者

❷ キャリアコンサルタント試験の免除に関する経過措置の対象者

❶のキャリアコンサルタント試験合格者は，2016年4月に国家資格となったキャリアコンサルタントの試験に合格した人のことです。

一方，国家資格キャリアコンサルタントには，❷経過措置の対象者がいます。この経過措置とは，キャリアコンサルタントが国家資格になる前の2016年3月までに，厚生労働大臣が指定する試験に合格している人のことをいいます。これに該当する人は2016年4月から5年間のうちに登録すれば，キャリアコンサルタントを名乗ることができます。

厚生労働大臣が指定する試験については，国家資格キャリアコンサルタントのウェブサイトで確認することができます。過去にキャリアコンサルタント関連の試験を受験あるいは講習を受講したことのある人は，ぜひ一度チェックしてみてください。もしかすると登録手続きを行うだけで「国家資格キャリアコンサルタント」になれる可能性があります。

◆ どこに登録すればよい？

では，具体的にキャリアコンサルタント名簿への登録とはどのようにす

るのでしょうか。

　その手続方法としては，指定登録機関である厚生労働大臣の指定を受けた特定非営利活動法人キャリアコンサルティング協議会の運営する「キャリアコンサルタント登録センター」に，キャリアコンサルタント登録申請書を，キャリアコンサルタント試験の合格証の写し等の提出書類とともに提出します。

　参考までに，具体的な流れは以下のようになります。

■登録の流れ■

❶　登録申請

　登録申請書と提出書類（住民票，合格証，登録免許税（9,000円）の印紙添付申請用紙等）を揃えて郵送かWebにて申請を行います。

❷　登録センターにて審査

　登録の欠格事由に該当していないかが確認され，審査OKなら登録手数料（8,000円）の支払をします。

❸　名簿に登録完了

　いよいよキャリアコンサルタント名簿に登録がされ，キャリアコンサルタントを名乗って活動をすることができます。

❹　キャリアコンサルタント登録証交付

　混み合っているときは，登録証の発行に1ヵ月～数ヵ月かかることもあります。

　なお，キャリアコンサルタント登録に必要な費用は，登録免許税9,000円＋登録手数料8,000円の合計17,000円です（2019年1月現在）。

2 キャリアコンサルタントと勝手に名乗ってはいけないの？

キャリアコンサルタントは独占名称のため，その登録をせずに勝手に名乗ると罰金などが科せられます。また，紛らわしい名称もNGです。

キャリアコンサルタントは，国が指定した基準をしっかりと満たしている人が名乗れる国家資格だということですね。

◆ キャリアコンサルタントの独占名称

キャリアコンサルタントの独占名称について，厚生労働省ホームページでは以下のように掲載されています。

■「キャリアコンサルタント」独占名称について■

職業能力開発促進法に規定されたキャリアコンサルタントでない方は，「キャリアコンサルタント」又はこれに紛らわしい名称（※1）（※2）を用いることができません。これに違反した者は，30万円以下の罰金に処せられます。

（※1）　紛らわしい名称としては，「キャリア・コンサルタント」，「キャリアコンサルタント○○（キャリアコンサルタント専門士等）」，「キャリア○○コンサルタント（キャリア形成コンサルタント等）」，「○○キャリアコンサルタント（職業キャリアコンサルタント等）」，「○○キャリコン（標準キャリコン等）」，「キャリアコンサル」等があげられます。

（※2）　いわゆる標準レベルのキャリア・コンサルタントであった方についても，キャリアコンサルタント名簿に登録しなければ，「キャリアコンサルタント」と名乗ることができませんのでご留意ください。

出所：https://www.mhlw.go.jp/stf/seisakunitsuite/bunya/0000198324.html

◆登録できるのにしないとどうなる？

　では，もしキャリアコンサルタントに登録する資格のある人が，登録しないでいるとどうなるのでしょうか。

　まず，キャリアコンサルタント試験の免除に関する経過措置の対象者に関しては，2021年3月末までに登録を行うことでキャリアコンサルタントを名乗ることが可能です。それまでに登録を行わない場合は，国家資格キャリアコンサルタント試験を受験し，合格することが必要となります。

　また，2016年4月以降の国家資格キャリアコンサルタント試験合格者については，登録の期限はないようです。しかし，後述するように，キャリアコンサルタントは5年ごとの更新が必要な資格のため，試験合格後5年経過するとキャリアコンサルタント登録前に講習受講が必要となります。

　もし，この更新講習を有効期限内に受講しなければ，キャリアコンサルタントの**資格を失効**します。つまり，キャリアコンサルタントと名乗れなくなるということです。

　なお，再度キャリアコンサルタントとして登録する場合，初回の登録方法により再登録の方法も異なります。

▶経過措置でキャリアコンサルタント登録をしていた場合

　国家資格キャリアコンサルタント試験またはキャリアコンサルティング技能士試験を受験し，合格後にキャリアコンサルタント登録を行います。

▶国家資格キャリアコンサルタント試験及びキャリアコンサルティング技能士試験に合格している場合

　所定の講習を受講してから再度登録手続きを行います。

3 キャリアコンサルタント更新講習とは何?

キャリアコンサルタントは，継続的に学習を行い自己研鑽が必要な資格です。プロとして情報を常にブラッシュアップすることが求められます。そのため，**キャリアコンサルタントに登録した後も，5年に一度の更新のための講習を受けなければなりません。**

厚生労働省では，更新講習の受講について以下のように説明しています。

◆ 更新講習って何?

キャリアコンサルタントの登録を継続するためには，更新講習を更新期間内に一定時間数以上受講のうえ，更新を行う必要があります。

これは，キャリアコンサルタントについて，試験合格時に確認した知識・技能を継続的な学習によりブラッシュアップしていることを制度として確保し，キャリアコンサルタントの資質を保証することによって，キャリアコンサルタントの活用を促進していくことを企図しているものです。

具体的な内容としては，知識の維持を図るための講習（知識講習）と技能の維持を図るための講習（技能講習）から構成され，知識講習8時間＋技能講習30時間の合計38時間にわたる講習を受ける必要があります。

◆ 知識講習って何?

知識講習とは，知識のブラッシュアップを目的とし，資格を取得した後の労働法令などに関する最新の知識を得るために必要な講習です。

この知識講習は，キャリアコンサルタントの登録の更新を受けるための

講習として厚生労働大臣が指定した機関で受講しなければなりません。

　いずれの機関でも，講習の最後には確認テストやレポート作成などがあり，所定の点数以上を得点しなければなりません。もし合格点に届かない場合は，追試やレポート提出で修了証の発行となる場合もあるようです。

◆ 技能講習って何？

　技能講習では，一定の科目範囲内から受講者が自分の経験に応じて，必要な科目を選択・受講します。これは，キャリアコンサルタントとしての経験や活動分野，能力，これから伸ばしたい分野などが，人それぞれ異なるため，このようなしくみがとられています。

　受講者が選択する一定の科目というのは，以下の10領域あります。

■技能の維持を図るための講習■

①企業等領域　②需給調整領域　③教育領域　④特定層への支援
⑤領域共通の技能　⑥特定のカウンセリング技法　⑦ジョブ・カード
作成支援　⑧ツールの理解・活用　⑨グループアプローチ　⑩事例検
討

　技能講習においても，厚生労働大臣が指定する講習があり，この領域ごとに各実施機関が講習を行っています。また，講習時間も3時間のものから，数日間にわたって行われるものまでさまざまです。内容は主にロールプレイを行うことやワークで体験することもあり，実技に直結したものが多くあります。

　技能講習は，自分自身で講座を選択するため，スキルアップにつながり，他のキャリアコンサルタントとともに学ぶ貴重な機会でもあります。

4 キャリアコンサルティング技能士とは何？

キャリアに関する資格に興味をお持ちの場合，「**キャリアコンサルティング技能士**」という資格を耳にしたことがある人もいらっしゃるかもしれません。

キャリアコンサルティング技能士とは国家検定のことで，1級または2級に合格した人への称号です。国家資格キャリアコンサルタントの上位級としての位置づけに，このキャリアコンサルティング技能士があります。

◆キャリアコンサルタントとキャリアコンサルティング技能士の関係

国家資格キャリアコンサルタントが標準レベルであることに対し，キャリアコンサルティング技能士2級は熟練レベル，キャリアコンサルティング技能士1級は指導レベルと位置付けられ，より高い知識とスキルを身につけていることが必要とされます。

キャリアコンサル
ティング技能士
1級（指導レベル）

キャリアコンサルティング技能士
2級（熟練レベル）

国家資格
キャリアコンサルタント
（標準レベル）

　一般的には，キャリアコンサルタント試験に合格し，その後スキルアップを目指してキャリアコンサルティング技能士2級，1級へとステップアップしていきます。

　しかし，現在のところキャリアコンサルティング技能士試験は，いきなり1級や2級を受験する，いわゆる**「飛び級受験」が可能**です。

　そのため，国家資格キャリアコンサルタント試験は合格していないけれども，キャリアコンサルティング技能士（1級・2級）を保有している場合，「キャリアコンサルティング技能士合格証」のコピーを提出申請することで，国家資格キャリアコンサルタントへの登録が可能となります。

　この場合，登録に関する経過措置としての期限があります。まず，2016年3月までにキャリアコンサルティング技能士に合格した人は，2016年4月より5年間の経過措置期間があります。それ以降に登録する場合は，必要な講習を受けなければなりません。また，2016年4月以降のキャリアコンサルティング技能士合格者は，合格後5年間はいつでも登録可能で，それ以降は，必要な講習を受講後の登録となります。

　今後，キャリアコンサルタント試験を受験せずに，いきなり技能士合格を目指す人は，キャリアコンサルタントの登録において注意が必要ですね。

◆試験合格を組み合わせてキャリアコンサルタントへ登録できる！？

　珍しいケースですが，キャリアコンサルティング技能士の別の級で，実技試験または学科試験のどちらか片方に合格している場合，その組み合わせによって，国家資格キャリアコンサルタントへ登録することも可能です。

技能士1級実技試験合格×技能士2級学科試験合格＝登録可能

技能士1級学科試験合格×技能士2級実技試験合格＝登録可能

さらに，キャリアコンサルティング技能士の一部合格と国家資格キャリアコンサルタントの一部合格を組み合わせることで，国家資格「キャリアコンサルタント」への登録ができます。

技能士（1級または2級）実技試験合格 × **キャリアコンサルタント学科試験合格** = 登録可能

技能士（1級または2級）学科試験合格 × **キャリアコンサルタント実技試験合格** = 登録可能

5 キャリアコンサルティング技能士は更新講習が免除になる？

キャリアコンサルタントに登録したあと，資格を継続させるためには更新講習を修了しなければなりません。しかし，この更新講習にはいくつかの免除制度があります。

◆ キャリアコンサルタント登録後，技能士になると…

その一つとして，キャリアコンサルタントに登録したあとに，キャリアコンサルティング技能士に合格すると，以下のように**更新講習の免除対象**となります。

▶**キャリアコンサルティング技能士 2 級に合格すると…**
　⇒キャリアコンサルタント更新講習の「知識講習」と「技能講習」が5 年間免除されます。

▶**キャリアコンサルティング技能士 1 級に合格すると…**
　⇒キャリアコンサルタント更新講習の「知識講習」が5 年間免除（それ以降は5 年ごとに必要）され，「技能講習」については常に免除されます。

そのため，国家資格キャリアコンサルタントに合格した人は，次のチャレンジとしてキャリアコンサルティング技能士1 級や2 級へのチャレンジをおすすめします。

◆順番に気をつけよう！

その際に気をつけたいことが1点あります。それは，キャリアコンサルタント登録後にキャリアコンサルティング技能士合格という順序があるということです。

実は私の場合，キャリアコンサルティング技能士2級に合格した後でキャリアコンサルタントに登録を行いました。そのため，免除対象にはなりません。

ちなみに，なぜ私がこういう順序になったかというと，当時はキャリアコンサルタントが国家資格になったばかりで，こういった情報が未定だったためです。この順序は，今後の更新講習の受講の有無に大きく関わってくるため，これから受験される皆さんはぜひ注意してください。

その他にも，キャリアコンサルタント更新講習には免除制度があります。具体的には，定められた条件に合う実務に従事している場合や，キャリアコンサルティング技能士1級による指導を受けた場合などです。これらは，資格を取得された後に確認をされても，十分に間に合いますので，ぜひ厚生労働省のホームページなどで最新情報をご確認ください。

6 実際にあったキャリアコンサルタントの求人・ボランティア情報例

　晴れてキャリアコンサルタントになったら，実際にどういうところで働くことができるのでしょうか。ここでは，私が実際に見たことのあるキャリアコンサルタントの求人情報やボランティア情報を例示します。

File① 人材派遣会社の求人情報例

雇用形態 📝	正社員以外（フルタイム・請負）
仕事内容 👷	東京都内の中小企業に対する採用支援業務。採用にお困りの中小企業に訪問し，企業の採用課題に合わせて採用活動の改善提案やノウハウの提供を行います。
賃　金 💴	月給（320,000〜350,000円）
就業時間 ⏳	9：00〜17：30（休憩1時間）
休　日 🏠	土・日・祝日
必要な資格・経験等 ✏	不問。 キャリアコンサルタント資格をお持ちの方は，知識・経験を活かせます。 企業に対する採用支援の経験を有する方。 ＊報告書等の作成にあたり，パソコンでの文字入力に支障がない方を希望します。

File② 需給調整機関（ハローワーク）の求人情報例

雇用形態 📝	契約社員（職種：事業責任者）
仕事内容 🧑‍💼	生活困窮者・被保護者への就職に関するキャリアカウンセリング，来所面談，求人開拓業務，就労支援セミナー，各種事務作業，電話応対，事業所運営業務，自治体職員対応，会議出席など
賃　金 💵	月給（260,000円）
就業時間 ⏳	8：30〜17：30（実働 8 時間00分）
休　日 🏠	土・日・祝日
必要な資格・経験等 ✏️	キャリアコンサルタント等の資格所持者 相談業務の経験・並びに相談記録の作成対応可能な方 （Excel・Wordで文章作成が行える程度）

File③ 大学キャリアセンターの求人情報例

雇用形態 📝	契約社員
仕事内容 🧑‍💼	大学キャリアセンターにおいてのカウンセリング業務全般 （個別面談・就職支援セミナーの企画，運営・PCでの提案書や掲示物の作成など）
賃　金 💵	月給（220,000円〜（資格やご経験により優遇））
就業時間 ⏳	9：30〜18：00（実働7.5時間・休憩 1 時間）
休　日 🏠	土・日・祝日・夏期休暇・年末年始休暇（大学カレンダーに準ずる）
必要な資格・経験等 ✏️	①国家資格キャリアコンサルタントの有資格者 ②大学などでキャリアカウンセリング経験がある方 ③民間企業で人事・採用・カウンセリング経験がある方

File④　企業内人事の求人情報例

雇用形態 📋	正社員（キャリアアドバイザー・トレーナー）
仕事内容 👥	研修カリキュラムに沿った研修の実施や，企業担当者への助言，研修プログラム内容のカスタマイズ，および求職者面談対応，各種書類作成等
賃　金 💰	年収420〜470万円（各種手当含），賞与（3.0ヵ月/年）
就業時間 ⏳	フレックスタイム制 （コアタイム10：30〜16：30（就労時間：170時間/月平均））
休　日 🏠	週休2日制（土日祝），年次有給休暇，年末年始休暇，特別休暇
必要な資格・経験等 ✏️	研修講師等の実務経験 人材サービス領域の実務経験者は優遇 国家資格キャリアコンサルタントは優遇

File⑤　社会保険労務士事務所の求人情報例

雇用形態 📋	契約社員
仕事内容 👥	企業の労働者に対するキャリアコンサルティング，社会保険労務士補助業務全般，電話対応，メール対応
賃　金 💰	月給19万円（固定残業代2万円　時間手当15時間分含む）
就業時間 ⏳	9：00〜18：00（実労8時間00分）
休　日 🏠	土・日・祝日
必要な資格・経験等 ✏️	キャリアコンサルタント資格取得者 （ワード，エクセルで書類作成できる方。キャリアコンサルタントとしての経験は不要です。人柄重視で採用します。）

File⑥　副業OKの求人情報例

雇用形態 📝	雇用契約（お勤め中の方でも勤務日が合えば応募可）
仕事内容 👔	就労支援相談を通じたキャリアコンサルティング業務（ジョブカード作成あり）
賃　金 💸	月給200,000〜240,000円 or 時給1,400円
就業時間 ⌛	8：30〜17：15　／　9：00〜18：00 （職場により異なる）
休　日 🏠	土・日・祝日
必要な資格・経験等 ✏	キャリアコンサルタント資格取得者

File⑦　土日にできるボランティア情報例

　キャリアコンサルタントの中には，土日などの休日にボランティア活動に参加する方も多くいます。そのため，ボランティア情報もたくさんあり，ここではその一例をご紹介します。

雇用形態 📝	ボランティア
仕事内容 👔	転職フェアへの来場者に対して10〜15分程度で，来場者に合った転職・企業ブースのアドバイスをする。
賃　金 💸	報酬なし。交通費は自己負担。 ご参加いただいた方に金券（1時間/500円分）を進呈。
就業時間 ⌛	転職フェア開催日（1日だけ，2時間だけも可）
必要な資格・経験等 ✏	現役でキャリアカウンセリング業務をされている方 資格は持っているものの「実務のブランクがあって不安…」，「実務は初めてで不安…」という方も大歓迎

File⑧　キャリアコンサルティング技能士検索サイトの依頼例

　求人情報を調べるだけでなく，仕事の依頼を受けるという選択肢も考えておくと良いでしょう。先述したように，キャリアコンサルティング技能士検索サイト（https://www.cc-ginoushikai.org/search/）に登録しておけば，企業などから仕事の依頼があります。

　過去に私が依頼を受けた案件の１つに，**職業訓練校での講師**という仕事がありました。内容は求職者支援訓練受講者に対する「キャリアコンサルティング」，「就職支援」を担当することと，その際の条件としてその企業の雇用保険に加入することです。他に勤務日，曜日，時間はその都度相談で他の仕事と掛け持ち可能という条件でした。

　また，別の依頼では，**自衛隊の退職隊員の再就職を支援する方々に向けた養成講座の開催**という仕事がありました。こちらも講師としての依頼で，内容はキャリアコンサルタントに関するコンサルティング・カウンセリングの理論の授業と実施の実習で，主に自己理解，仕事理解，啓発的経験，意思決定等を盛り込んだ内容です。

キャリアコンサルタントは何人くらいいるの？

　ズバリ，キャリアコンサルタントは39,232名（2018年12月末）います。キャリアコンサルタントがもっとも多くいるエリアは東京で，その数8,673人です。次いで大阪の3,444人となっています。

　ブロックごとに登録者数をみると，以下のとおりです。

●キャリアコンサルタント登録者数（単位：人）

ブロック	計	％
北海道・東北	2,961	7.5
関東	18,626	47.5
信越・北陸	1,489	3.8
東海	3,241	8.3
近畿	7,261	18.5
中国	1,517	3.9
四国	923	2.4
九州・沖縄	3,190	8.1
海外	24	0.1
総数	39,232	100.0

出所：国家資格キャリアコンサルタントWebサイト

　キャリアコンサルタントは，2016年4月に国家資格化されてから急激に数を増やしており，その理由として政府の「キャリアコンサルタント10万人計画」があります。

　具体的には，2024年度末までに，キャリアコンサルタントを10万人にするという計画で，これまでの民間資格だった頃とは違い，国家資格としての明確な定義に基づく「キャリアコンサルタント」が誕生し続けています。

ゼロからわかる！

キャリアコンサルタント試験のしくみ

1 キャリアコンサルタントになるためにはどんな勉強をするの？

キャリアコンサルタント試験では，主にキャリア理論や労働に関する法令，キャリアコンサルタントの実務や倫理規定，メンタルヘルスに関する知識など，とても幅広い内容が問われます。

◆ キャリアコンサルタント試験の試験科目

試験科目は以下のとおりです。

■キャリアコンサルタント試験の試験科目■

❶ キャリアコンサルティングの社会的意義に関する科目
❷ キャリアコンサルティングを行うために必要な知識に関する科目
❸ キャリアコンサルティングを行うために必要な技能に関する科目
❹ キャリアコンサルタントの倫理と行動に関する科目

これらの内容が，学科試験と実技試験（論述試験＋面接試験）によって試されます。それぞれの試験内容と難易度については後述しますが，面接試験においてロールプレイを行う点が，他の資格試験と比べてもキャリアコンサルタント試験の特徴といえるでしょう。

このロールプレイでは，15分間，試験官の前で相談者を相手に実際の相談業務を行うため，カウンセリング技法やそれに関する知識を習得しておく必要があります。

■キャリアコンサルタント試験の試験区分■

学科試験	実技試験	
（マークシート方式）	論述試験	面接試験
	（記述式）	（ロールプレイ＋口頭試問）

◆キャリアコンサルタント試験は試験機関が2つある

　試験に関する前提知識として，キャリアコンサルタント試験は，厚生労働省から指定された登録試験機関によって実施されます。現在，以下の2つの機関においてキャリアコンサルタント試験が行われています。

■キャリアコンサルタント試験の登録試験機関■

▶特定非営利活動法人　キャリアコンサルティング協議会
（https://www.career-shiken.org/）
▶日本キャリア開発協会（JCDA）
（https://www.jcda-careerex.org/）

　学科試験と実技（論述）試験は，両方の試験機関ともに同じ日の1日間で行われ，午前中が学科試験，午後から実技（論述）試験が実施されます。
　気をつけなければならないのは，**実技（面接）試験については，それぞれの団体で日程が異なる**という点です。受験される際は，各試験機関の公式ホームページにて最新情報をご確認ください。

　なお，キャリアコンサルタント試験は，現在のところ年に3回行われています。しかし，国家資格化された当初は，年4回実施されていました。
　したがって，この点についても今後，実施回数等の変更があるかもしれませんので，各試験機関のホームページにてご確認ください。

2 学科試験の内容と難易度は？

キャリアコンサルタントの学科試験は4択のマークシート方式で**50問**出題され，試験時間は**100分**です。50問中**35問以上**の正答（100点満点中**70点以上**）で合格となります。学科試験の内容は，両方の試験機関とも共通で，まったく同じ内容がこれまで出題されています。

◆ 学科試験の試験内容と範囲

キャリアコンサルタントの学科試験における主な内容と範囲は，以下のとおりです。

■学科試験の内容と範囲について（一部抜粋）■

1．**キャリアコンサルティングの社会的意義**
　　①社会及び経済の動向並びにキャリア形成支援の必要性の理解／②キャリアコンサルティングの役割の理解
2．**キャリアコンサルティングを行うために必要な知識**
　　①キャリアに関する理論／②カウンセリングに関する理論／③職業能力の開発（リカレント教育を含む。）の知識／④企業におけるキャリア形成支援の知識／⑤労働市場の知識／⑥労働政策及び労働関係法令並びに社会保障制度の知識／⑦学校教育制度及びキャリア教育の知識／⑧メンタルヘルスの知識／⑨中高年齢期を展望するライフステージ及び発達課題の知識／⑩人生の転機の知識／⑪個人の多様な特性の知識
3．**キャリアコンサルティングを行うために必要な技能**
　　①基本的な技能／②相談過程において必要な技能

４．キャリアコンサルタントの倫理と行動

　①キャリア形成及びキャリアコンサルティングに関する教育並びに普及活動／②環境への働きかけの認識及び実践／③ネットワークの認識及び実践／④自己研鑽及びキャリアコンサルティングに関する指導を受ける必要性の認識／⑤キャリアコンサルタントとしての倫理と姿勢

　キャリアコンサルタント学科試験はとにかく試験の出題範囲が広いため，時間をかけて計画的に勉強する必要があります。

　特に，**過去問対策が重要**です。これは他の資格試験対策でも共通することですが，過去問題をとにかくやり込むことが合格への近道です。過去問題の問題文を覚えるくらい何度も何度も解答して，すべての正答率が８割以上になると，随分と合格に近づくのではないでしょうか。私が受験した際も，この方法で学科試験に合格することができました。

　また，キャリアコンサルタント養成講習ではテキストが用意され，これらの内容を講座形式で学ぶことができます。他に，実務経験者で独学の人は，市販テキストを使って勉強することもできます。

◆ 学科試験の傾向

　最近では，年々問題が難化し，**より詳細に深く問われる内容へと変化**してきています。

　たとえば，第４回（2017年５月実施）と第９回（2018年８月実施）の学科試験における合格率は，他の回に比べてとても低くなっています。それはそれまでに出題されなかったような新しい問題が出たことや，問われる内容がより詳細になったことなど，難化傾向にあるからです。したがって，こういった傾向を意識して試験勉強に取り組む必要があるのではないでしょうか。

キャリアコンサルタントの学科試験は，この分野をはじめて勉強した受験生からすると少し難しいという印象があります。一方で，社会保険労務士が受験すると100点満点を取る方がいます。試験内容的に，この2つは親和性があるようで，社会保険労務士がダブルライセンスとしてキャリアコンサルタント資格を取得する人も増えているようです。

◆ 学科試験の問題例

　では，どのような問題が出されるのでしょうか。以下の模擬問題を見てみましょう。

（例題）

　キャリアコンサルタントに関する役割，行動に関する次の記述のうち適切なものはどれか？

1　キャリアコンサルティングの場面において，相談者が育児の話題を話そうとしたため自身が専門外であることを伝え一切かかわらなかった。

2　キャリアコンサルタントが自己の能力の限界を感じていても，その相談者のためになるのなら遠慮せずサポートを行う。

3　キャリアコンサルタントとして相談者に精神疾患の疑いがあるとみて，その病名を伝えて精神科を受診するように伝えた。

4　相談者が課題解決に向けて自律的に意思決定が行えるように選択肢を広げ，最適な選択ができるようサポートを行った。

正解は4

　この問題の場合，「適切なものはどれか」と問われているので，4を選択してその数字をマークシートに塗りつぶす，ということになります。このような問題を50問，100分で解答していきます。

　問題文では「適切なもの」，「最も不適切なもの」，「誤っているもの」，「正しいもの」，「正しいものの組み合わせ」などが問われます。したがって，解答する際には何を問われているかをしっかりと確認する必要があります。「適切なもの」と問われているのに「不適切なもの」を選んで解答してしまうことのないよう，ケアレスミスに気をつけて落ち着いて解答しましょう。毎回，「あと1問正答だったら合格できたのに…！」という人が多いというのも現実です。

◆ 学科試験の合格率

　全体的な傾向として，実技試験よりも学科試験の方が難しいイメージが受験生にはあるようです。合格率を見ると，わずかに学科の合格率が低いことがわかります。

■ 2試験機関における学科試験の合格率 ■

	JCDA		協議会	
	学科	実技	学科	実技
第 1 回	74.2%	51.5%	81.0%	71.6%
第 2 回	74.8%	59.4%	77.2%	74.3%
第 3 回	63.3%	61.9%	66.1%	65.7%
第 4 回	19.7%	63.7%	23.5%	75.4%
第 5 回	51.4%	65.7%	48.5%	72.1%
第 6 回	61.5%	66.4%	64.2%	76.0%
第 7 回	54.8%	74.6%	53.6%	70.0%
第 8 回	59.9%	71.9%	66.5%	67.5%
第 9 回	32.1%	67.9%	28.8%	67.8%
第10回	62.9%	65.7%	65.4%	73.3%
平　均	55.46%	64.87%	57.48%	71.37%

学科試験と実技試験（論述・面接）は別の回に受験することが可能です。たとえば「今回は仕事が忙しいから学科試験だけ受験して，合格したら，次に実技試験を受験しよう」ということができます。一部合格に期限はないため，いつでもチャレンジすることができます。

　仮に，学科試験に合格し，実技試験に不合格だった場合は，次回，実技試験のみを受験し，合格すれば，キャリアコンサルタント登録資格を得ることができます。反対の場合も同様です。

3 実技（論述）試験の内容と難易度は？

　キャリアコンサルタントの実技試験は**論述試験**と**面接試験**が含まれます。この2つを合わせて「**実技試験**」といいます。

　それぞれ別日程で試験が実施され，論述試験が行われたその1〜2週間後に面接試験があります。

　また，**実技試験が不合格の場合は再度，論述試験と面接試験の両方を受験しなければなりません。**両方に合格して，実技試験合格となります。

◆ 論述試験の形式

　キャリアコンサルタントの論述試験は**記述式**で，試験時間は**50分**です。問題文を読み，キャリアコンサルタントとしてどのように支援するかなどを考えて，文章を書き上げるという試験です。

　論述試験は面談の基礎となる部分です。ここをしっかりと理解している人は論述試験の得点が高くなり，後の面接試験にも良い影響が出てきます。

　点数は50点満点です。ただし，実技試験では「**足きり**」があり，満点の4割以上の点数がないと「**所要点未達**」で不合格となります。つまり，論述試験の場合は，20点以上取らなければなりません。

◆ どのような内容なのか？

　それぞれの試験機関において，問題文が異なります（異なる点は後述します）。共通点は，「逐語記録」が問題文に含まれるという点です。

　逐語記録とは，相談者とキャリアコンサルタントの対話を文字にしたものです。たとえば，相談者が考えている場面などは「うーーーーん……」

というような非言語での様子が伝わってくるような書き方がされます。改めて，逐語記録を見てみましょう。

 **相談者：田中今日子（37歳）。**
大学卒業後，食品メーカーに就職。

キャリアコンサルタント（以下cc）：本日担当させていただきます津田と申します。よろしくお願いいたします。

相談者（クライエント，以下cl）：はい，よろしくお願いいたします。

cc：椅子をちょっと調整させていただきます。失礼いたします。距離これぐらいで大丈夫ですか。

cl：はい，大丈夫です。

cc：では早速ですが，こちら守秘義務がありますので本日お話ししていただいたことは外に漏れることは一切ありませんので，安心してお話いただければと思います。で，今日は田中さんのお力になりたいと思いますから，いろいろとお話をお聞かせいただいてもいいですか。

cl：はい，お願いします。

cc：今日はどのようなお話になりますか?

cl：えーっと私ですね，今，食品メーカーで仕事をしていて，あのまぁ総合職ですね。大学卒業してからずっとやらせていただいているんですね。

cc：総合職なんですね。

cl：で，結婚していて，主人と子供がいまして，今子供が3歳なんです。で，あの時短ってわかります?

cc：はい。

cl：子供を保育園に迎えに行かないといけないので。

cc：はい。

cl：それもちょっと活用させていただいているんですね。で，今メー
　　カーで16年目で，大学卒業してから今までなんで。で，５年前か
　　ら主任をやらせていただいていて。何か，組織変更が会社の方であ
　　りまして，今までは広報という，会社の宣伝とか，そうゆうわりと
　　花形的な華やかな感じの仕事をやらせてもらってたんですけど，そ
　　こからちょっと外れてしまって補助的な仕事が増えてきて…。で，
　　やりがいをちょっと感じなくって。
（続く）

　逐語記録のイメージは伝わりましたか。いずれの試験機関で受験するに
しても，このような逐語記録が問題文に示され，そこからキャリアコンサ
ルタントとして相談者にどのように働きかけるのかなどが問われます。

4 実技（論述）試験はそれぞれの試験機関で違いがある？

では，論述試験問題の特徴を見ていきましょう。各試験機関ホームページで過去問題が公開されているので，可能であれば，お手元に過去問題を用意していただくと，よりわかりやすいかと思います。

ここでは，問題文の概要を簡単にまとめておきます。

◆ キャリアコンサルティング協議会の問題文概要

> **相談者情報**：相談者を取り巻く環境について詳しく書かれている。
>
> **来談の経緯**：相談に来た理由が書かれている。
>
> **逐　語**：キャリアコンサルタントと相談者が話している内容について一字一句詳しく，そして非言語コミュニケーションが伝わってくる様子で書かれている。
>
> **設問1**：キャリアコンサルタントとしてどのように応答するかを記述する。
>
> **設問2**：キャリアコンサルタントから見た相談者の問題点を記述する。
>
> **設問3**：（1）　キャリアコンサルタントとして相談者に対する提案を2つ考えて記述する。
>
> 　　　　　（2）　上記（1）で考えた2つの提案どちらかを選択し，キャリアコンサルタントとしてこのあとの面談での働きかけについて記述する。

キャリアコンサルティング協議会の論述試験のポイントは**「専門家として何を言うか」**というところです。上司や友人に悩みを相談することと，

キャリアコンサルタントに相談することが同じであれば，それは専門家として機能していません。そのため，論述試験の解答にはキャリアコンサルタントならではの専門用語（キーワード）を使用して解答することも求められます。

◆ 日本キャリア開発協会（JCDA）の問題文概要

> **相談者**：相談者を取り巻く環境について詳しく書かれている。
>
> **キャリアコンサルタント**：今回担当するキャリアコンサルタントについて書かれている。
>
> **逐　語**：キャリアコンサルタントと相談者が話している内容について一字一句詳しく，そして非言語コミュニケーションが伝わってくる様子で書かれている。また，事例ⅠとⅡにおける共通の逐語と，それと異なる展開の逐語が書かれている。
>
> **問い1**：事例ⅠとⅡの違いについて指定語句を使って記述する。
>
> **問い2**：逐語内のキャリアコンサルタントの応答が「相応しい」か「相応しくないか」を考えてその理由を記述する。
>
> **問い3**：キャリアコンサルタントから見た相談者の問題点を記述する。
>
> **問い4**：キャリアコンサルタントとして今後の展開をどのようにするか具体的に記述する。

　日本キャリア開発協会（JCDA）の論述試験のポイントは**2つの事例の違いを見極めること**が求められます。キャリアコンサルタントの対応が違う2つの事例を読んで，何がどのように影響しているのか，またそれによる相談者の変化にも気づく必要があります。

　このようにそれぞれの受験団体の論述試験については内容の違いがあります。一度，過去問題を読んで違いを感じてみてください。

5 実技（面接）試験の内容と難易度は？

◆面接試験の形式

キャリアコンサルタントの面接試験は，2名の試験官を目の前に，**実際の相談業務を15分間**行います。この時間は，実際の初回面談における最初の15分間を想定されています。

通常のキャリアコンサルティングは，1回約30〜90分程度で行うため，試験では途中で相談が終了します。一般的にはこの様子を「**ロールプレイ**」や略して「**ロープレ**」と呼びます。

そして，そのあとすぐに目の前にいる試験官2名からの質問に対してロールプレイの内容について振り返ります。これを「**口頭試問**」といいます。このように面接試験は2つの形式が含まれています。

面接試験の点数は，100点満点です。ただし，**40点以上**の点数を取らなければ，「**所要点未達**」で不合格となります。

なお，実技試験は論述試験と面接試験がセットになるため，論述試験の50点満点と合わせて150点満点となり，そのうち**90点以上**で**実技試験合格**となります。

試験会場は全国の貸会議室などが使用されており，受験申請時に自分で会場を選択することができます。ただし，日時を指定することはできません（2日間ある試験日のうち，どちらかの日程になります）。

たとえば，試験会場が近くにある場合は日帰りで受験ができますが，地方などで会場まで遠い場合は，宿泊が必要な場合もあります。

◆ 当日の流れ

では，面接試験の当日の流れを見ていきましょう。

集合時間に指定された試験会場に行く。

試験会場では案内係の指示に従い，それぞれの部屋へ誘導される。

※面接試験は1名の受験生に対して，1部屋用意されており，試験官2名，相談者役1名を加えた4名で行われます。

面接時間になるまでその部屋の前で待つ。その間に，試験の注意事項や相談者の詳細が記載されたプリント（両面印刷）をよく読んでおく。

時間になると案内係の指示に従い，部屋の中に入り，用意されたイスに着席する。

試験官から諸注意を受け，先ほどの案内係が相談者役となり，その後すぐに面接試験がスタートする。

15分経過したら「終了」の合図がある。途中終了する。

すぐに5分程度の口頭試問，試験官からの質問が始まる。

口頭試問が終わると，退席となり，荷物を持って会場を出る。

約1ヵ月後の合否発表を待つ。

6 実技（面接）試験はそれぞれの試験機関で違いがある？

　いずれの試験機関においても，面接試験の過去問題は公開されていません。受験当日の面接試験直前に，注意事項や相談者情報が記されたペーパーを手渡され，それを確認します。これまで行われた試験の相談者の内容について大枠をまとめると，以下のとおりです。

> ・大学生からの就職の相談　　・若年層からの仕事の相談
> ・中高年男性の仕事の相談　　・中高年女性の仕事の相談

　面接試験の内容は，初回面談における最初の15分間を想定しているため，「はじめまして」などのあいさつや自己紹介などを行った後，キャリアコンサルタントが相談者に「今日はどのような相談でしょうか」と問いかけるところから開始します。

◆各試験機関における面接試験（ロールプレイ）の特徴

　先述のとおり，実技試験においては，試験機関において問題の内容が異なります。面接試験におけるそれぞれの特徴を見てみましょう。

■キャリアコンサルティング協議会■

特徴1　相談者の第一声が長い
　キャリアコンサルティング協議会の場合は，相談者の第一声が長いです。どういうことかというと，相談者が最初に相談内容を 2 分程度かけて，比較的詳細に長く話す傾向にあります。

特 徴 2　時計がある

机の上に置時計があります。

特 徴 3　メモは禁止

メモを取ることは禁止されています。

特 徴 4　最初の場の設定は自由

場の設定とは，試験官が「始めてください」と言ってから最初に受験生が相談者と行うやりとりの場面のことをいいます。面接試験は「初回面談の最初の15分間」であるため，「はじめまして」の挨拶やキャリアコンサルタントから相談者に伝えておきたい守秘義務についての説明などがあります。これらを自由に行うことができます。

■ 日本キャリア開発協会（JCDA）■

特 徴 1　相談者の第一声が短い

日本キャリア開発協会（JCDA）の場合は相談者の第一声が短いです。たとえば「私，もう本当に会社に行くのが毎日辛くて転職しようかと考えているんです」というような相談内容からカウンセリングをスタートさせます。

特 徴 2　時計はない

置時計はなく自分の腕時計を見るか，時間は気にしないかです。

特 徴 3　メモできる

メモを取ることは許可されます。最初に試験官から，メモを使うか使わないかを確認されます。使う場合は，日本キャリア開発協会（JCDA）が用意したメモ用紙が渡されます。

特 徴 4　最初の場の設定は説明あり

「椅子の位置や調整と守秘義務の説明は省いてください」等と，試験官から説明があります。

◆面接試験後にある口頭試問の特徴

ロールプレイの後，口頭試問が行われます。その際，質問される内容についてもそれぞれの試験機関で特徴があります。

まず，キャリアコンサルティング協議会では，以下のような質問がなされます。これ以外の質問をされることは滅多にないようですが，試験官が何か確認したいと感じたことを，イレギュラーで質問されることもあるようです。

■キャリアコンサルティング協議会■

・できたこと，できなかったこと
・相談者から見た問題点
・キャリアコンサルタントから見た相談者の問題点
・この後，面談をどのように進めていくか？

一方，日本キャリア開発協会（JCDA）では以下のような質問がなされます。基本的に，キャリアコンサルティング協議会とほぼ同じ内容ですが，日本キャリア開発協会（JCDA）は，受験生が言ったことに対して質問するというように，試験官からフリーで質問を受けることが比較的多いようです。そのため，事前準備が協議会に比べると少し難しい印象があります。

さらに，日本キャリア開発協会（JCDA）の口頭試問では，資格取得後についても質問されます。ここは熱意を持って，具体的に自身のキャリアコンサルタントとしてのあり方や意気込みを伝えるところですね。

■日本キャリア開発協会（JCDA）■

・できたこと，できなかったこと

・相談者から見た問題点

・キャリアコンサルタントからみた相談者の問題点

・今後の展開について

・資格をとったらどのように活かすか

　※上記で答えたことに対して試験官から質問されることもある。

7 実技（面接）試験の評価項目とは何？

◆ キャリアコンサルティング協議会の評価項目

面接試験におけるキャリアコンサルティング協議会の評価項目は，以下の3つです。

> ✏態度　　✏展開　　✏自己評価

それぞれA〜Cの判定となります。所要点未達の場合もあります。なお，この3つの項目の点数の内訳は公開されていません。

態度，展開が15分間の試験の中での評価になり，自己評価が口頭試問での内容の評価となるようです。

◆ 日本キャリア開発協会（JCDA）の評価項目

面接試験における日本キャリア開発協会（JCDA）の評価項目は，以下の5つです。

> ✏主訴・問題の把握　　✏具体的展開　　✏傾聴
> ✏振り返り　　✏将来展望

それぞれA〜Cの判定となります。所要点未達の場合もあります。なお，この5つの項目の点数の内訳は公開されていません。

主訴・問題の把握，具体的展開，傾聴が15分間の試験の中での評価になり，振り返りが口頭試問での内容の評価，将来展望が「資格をとったらどのように活かすか」に対する評価となるようです。

　それぞれの試験機関における評価項目を見ていきましたが，大きく分けると15分間の内容に関する評価と口頭試問の内容に関する評価があります。そして，日本キャリア開発協会（JCDA）のみ「資格をとったらどのように活かすか」という質問が1つ多く行われています。

8 実技試験の合格率はどれくらい？

　実技試験の合格率を見ると，それぞれの試験機関ともに，ほぼ6〜7割という高い水準で推移していますが，キャリアコンサルティング協議会の合格率が，やや高いようです。

> ・日本キャリア開発協会（JCDA）　　64.87%
> ・キャリアコンサルティング協議会　71.37%

◆合格率からわかること

　もう少し細かく見ていくと，キャリアコンサルティング協議会では合格率が7割を超えている回数は第1〜10回までで計7回あります。一方で，日本キャリア開発協会（JCDA）では，計2回です。

　この点は，これから受験を考えている人にとって，どちらで受験するかを決める材料にもなるのではないでしょうか。

　また，合格率だけを見ると確かにそれほど難しい試験ではないように感じますよね。実際に，「キャリアコンサルタントの資格ってわりと簡単そう！」とか，「私は実務経験3年以上あるから受験資格あるし，いけそうだな！」といった感触で，皆さん受験申込みをするようです。

　では，参考までにキャリアコンサルティング協議会における，養成講習の修了者と実務経験3年以上の両方の受験資格を持った人たちの合格率を見ていきましょう。

■受験資格別合格率■

	学科		実技	
	養成講座卒	実務経験者	養成講座卒	実務経験者
第1回	83%	70%	76%	68%
第2回	82%	67%	76%	60%
第3回	72%	63%	68%	66%
第4回	25%	15%	77%	68%
第5回	52%	38%	73%	65%
第6回	67%	47%	76%	62%
第7回	57%	36%	70%	70%
第8回	68%	48%	69%	53%
第9回	29%	19%	68%	53%
第10回	67%	46%	73%	74%

出所：特定非営利活動法人キャリアコンサルティング協議会キャリアコンサルタント試験試験結果第1回～第10回より

　上表によると，「養成講習修了者」と「実務経験者」と2つの合格率では，養成講習修了者の合格率がより安定し，ほぼ6～7割の合格率となっていますね。

◆ 実務経験と傾聴スキル

　なぜ，実務経験があるのに合格率が低くなるのでしょうか。

　その理由の一つとして，実務において我流で相談業務を行っており，国家資格キャリアコンサルタントに必要なスキル**「傾聴スキル」**が身についていないことが考えられます。

　そしてその「傾聴スキル」が何かを理解せずに受験して不合格となり，「なぜ不合格になったのかがわからない」という結果となることが多いようです。そのため，実務経験者でも養成講習に通い，体系的なスキルアップに努める方もいます。

9 受験資格にも関わる「養成講習」は どれを選べばよい？

実務経験が3年以上ない場合は，キャリアコンサルタント養成講習を修了して受験資格を得ます。

その際，どこの「キャリアコンサルタント養成講習」を受講すればよいのでしょうか。

まず，「キャリアコンサルタント養成講習」は，キャリアコンサルタント試験の受験要件を満たす講習として，厚生労働大臣が認定した講習を選ばなければなりません。

試験機関である「キャリアコンサルティング協議会」と「日本キャリア開発協会（JCDA）」のそれぞれのサイトで，認定された養成講習が一覧になっています。

現在，キャリアコンサルティング協議会では16校，日本キャリア開発協会（JCDA）では17校あります。それぞれに特色があり，両方の試験機関に対応している講習もあれば，片方のみに対応している講習もあります。

ここですべての養成講習の特徴をお伝えすることは難しいため，養成講習を選ぶ際における各校への問い合わせポイントをご紹介しましょう。

■各校へ問い合わせポイント■

❶　キャリアコンサルティング協議会と日本キャリア開発協会（JCDA）のどちらの試験に対応する内容か。

❷　修了者はキャリアコンサルティング協議会と日本キャリア開発協会（JCDA）のどちらを受験する人が多いか。

❸　別途「試験対策講座」など行っている場合，キャリアコンサルティング協議会と日本キャリア開発協会（JCDA）のどちらに対応する内容を行っているか。

　このように各校へ問い合わせると，その養成講習の内容や特徴を理解することができ，どちらの試験機関に申し込むかを決める判断材料になります。その他にも，何か質問したいことがあれば事前に紙に書き出しておくとよいでしょう。

10 キャリアコンサルタント技能士の試験ってどんな試験？

　キャリアコンサルティング技能士試験は，キャリアコンサルタントになってから技能士 2 級，1 級と進まなければならないわけではありません。受験資格さえあれば，いきなりキャリアコンサルティング技能士 1 級を受験することも可能です。

　また，キャリアコンサルティング技能士の受験資格は，基準が細かく定められています。主に，実務経験10年以上で技能士 1 級の受験資格が，実務経験 5 年以上で技能士 2 級の受験資格があります。私の周りにも，いきなりキャリアコンサルティング技能士 1 級を受験して一発合格した人もいます。

◆キャリアコンサルタント試験との大きな違い

　キャリアコンサルティング技能士試験は，キャリアコンサルタント試験の内容とほぼ同じです。一部，少し違う点があるので，ここではそれを中心にご紹介します。

▶キャリアコンサルティング技能士試験の学科試験について

　マークシート方式の 4 択問題（1 級は 5 択）で，50問中35問以上の正答で合格になります。試験時間は100分です。

▶キャリアコンサルティング技能士試験の論述試験について

　大きな違いは，キャリアコンサルティング技能士の論述試験は独立しているという点です。キャリアコンサルタント試験の場合，論述試験と面接試験の合計点数が150点満点中90点以上で合格となりますが，キャリアコンサルティング技能士の場合は論述試験100点満点中60点以上で合格となります。

　また，実技試験には論述試験と面接試験が含まれているため，論述試験に合格したものの面接試験に不合格だった場合は，実技試験が不合格となるため，次回受験時には**論述試験と面接試験の両方を受験**する必要があります。

▶キャリアコンサルティング技能士2級

　記述式で逐語記録を読んで，3問の設問に解答します。時間は60分間です。

　キャリアコンサルタントの論述試験は最後の方で「今後どのような面談のやりとりをするか」，「この面談で今後どのような働きかけを行うか」と少し抽象的に問われているのに対して，キャリアコンサルティング2級は熟練レベルとなるため，システマティックアプローチ（面談を進める方法）のとおり目標設定と方策を具体的に問われています。この違いがあります。

▶キャリアコンサルティング技能士1級

　記述式でいくつかの事例が出題され，1ケースは必須（受験生全員が解答），もう1ケースは受験生の専門領域である企業，需給調整，教育より選択し，設問に解答します。合計2ケースの問題を解答します。時間は120分です。

　1級は指導レベルとなるため，内容は「キャリアコンサルタント」からの相談を受け，そのキャリアコンサルタントに対してどのように支援していくかという内容になります。

◆ 面接試験においての大きな違い

　キャリアコンサルタント試験の面接試験との大きな違いは，事前に受験票とともに紙で「事例ケース」が送付されてきます。2級は5ケース，1級は3ケースあり，その中のどれかを担当します。

　面接試験当日に，自分がどのケースに当たるかがわかります。キャリアコンサルタント試験の場合，論述試験と面接試験の合計点数90点以上が合

格基準ですが，キャリアコンサルティング技能士の場合は面接試験，評価区分ごとに100点満点中60点以上で合格となります。

その評価区分とは基本的態度，関係構築力，問題把握力，具体的展開力それぞれが60点以上で合格となります。

▶キャリアコンサルティング技能士 2 級

20分間でキャリアコンサルティングを行い，その後10分間の口頭試問を行います。2 級は「熟練レベル」となるためこの20分間で今後のある程度の方向性を示して，相談者からの同意を得る必要があります。

▶キャリアコンサルティング技能士 1 級

30分間でキャリアコンサルティングを行い，その後10分間の口頭試問を行います。1 級は「指導者レベル」となるため，キャリアコンサルタントの悩みに対応し支援する必要があります。なお，メモ 1 枚とボールペンの使用が可能です。

◆ キャリアコンサルティング技能士の合格率

▣キャリアコンサルティング技能士 2 級▣

第20回前期	2 級実技：15.47%	2 級学科：80.89%
第19回後期	2 級実技：15.03%	2 級学科：51.68%

キャリアコンサルティング技能士 2 級の学科試験に関してはこの 2 回分を見ると幅がありますが，第20回に関してはとても高い水準です。学科に関してきちんと努力をすれば合格できる範囲かと思います。

一方で，実技試験は約15％程度です。「次の試験で 5 回目なんです」，「10回目でやっと合格しました」という声も少なくない試験です。その中でも「論述は毎回合格点だけど面接がなかなか・・・」という人が多いです。

■キャリアコンサルティング技能士1級■

第7回後期	1級実技：5.52%	1級学科：29.14%
第6回後期	1級実技：8.32%	1級学科：53.41%

　キャリアコンサルティング技能士1級の学科試験に関しては難しくなっているようです。特に第7回は実技ともに合格率が低いです。そして実技試験に関しては思わず目を疑ってしまうような合格率です。100人受験して5人〜8人が合格という超難関試験といえるでしょう。また，1級試験に関しては受験者数も毎回増えてきていますが数百人単位です。

合格した後のために

できる準備

1 キャリアコンサルタント自身が キャリアデザインを行うことの大切さ

　キャリアコンサルタントは，相談者の**「キャリアデザイン」**をサポートする役割を担っています。このキャリアデザインとは，ひと言で表すと**「自身の職業人生の設計を自ら行う」**ということです。

　そこには自分自身の経験やスキル，性格，ライフスタイルなどを考え，さらに現在の労働市場を把握する必要もあります。仕事を通して，将来のなりたい自分をどのようにして実現していくのか，そこを明確にしていくことがキャリアデザインといえます。

◆ 将来自身がどうなりたいのか？

　具体的にキャリアデザインを考えるとき，どうすればよいのでしょうか。

　まずは自分が将来どうなりたいのかを考えるところから始めます。今から1年後の自分はどうなっているか，さらに5年後，10年後についても考えてみてください。

　仕事，プライベートを分けることなく自由に考えてみましょう。それを紙に書き出して具体的にすることも有効です。

　「1年後には目指している資格を取得して，それを活かして5年後には…」，「5年後は結婚して子供が1人いて，○○に住んでいて…」など，時には「3年後には尊敬する○○さんみたいになっていたい！」というようにお手本となる人を登場させるのもよいです。

　「将来何がやりたいかなんて全然浮かんでこない」という人は，逆に，「なりたくない将来の自分」を想像してみることをおすすめします。そう

ならないために今どうしていくのかを真剣に考える機会になるはずです。

　5年後や10年後をある程度想像できたら，**「5年後の自分は今の自分に対して何をアドバイスするか？」**と問いかけてみましょう。そうすることで，将来のやりたいことを実現するために，今から何をするのかが明らかになるはずです。

◆なりたい自分になった後のことを考えてみる

　私はよく受講生さんに**「あなたは今，キャリアコンサルタントになりました。何をしていますか？」**という質問を最初の段階でします。すると，その答えの傾向はだいたい2つのパターンに分かれます。

　1つは，明確に何をしているかを答える人たちです。「今の会社の人事にはもう伝えているのですが，将来的には…」とか，「これまで企業に対してコンサルをやっていたので，それをパワーアップさせたい」とか，とても具体的に本人が楽しそうに熱意を持って語ってくれることが多いです。

　もう1つは，資格取得後の自分を全く想像したことがない，また想像できない人たちです。「え!?　全然考えていません」，「これまで通りの仕事をするだけです」などの答えが多いです。中には「私なんか経験もないし，何ができるでしょうか…」，「正社員になりたい」というようなキャリアコンサルタントとは少し遠い回答をする人もいます。

　両者の違いは何でしょうか。それは，前者は**「資格取得は通過点」**と理解していて，後者は**「資格取得がゴール」**になっている，ということです。どちらも正しいでしょう。ただ，後者の人たちを見て感じることは，資格を取得してから立ち止まる人が多いということです。

せっかく頑張って貴重な時間とお金をかけて取得した資格なのに全く活かせていない人もいます。もちろん，資格を取得してから今後のことを考えてもよいのですが，資格取得前に一度「あなたは今，キャリアコンサルタントになりました。何をしていますか？」という問いについて考えてみてはいかがでしょうか？

◆ 私がキャリアコンサルタントになる前に考えたこと

私が資格を取得する前も，このことを自分自身によく問いかけていました。キャリアコンサルタントになる前の私は，人の話を聴かず，話を途中で遮るか，その人の話題を取り上げて自身の話をするような人間でした。コミュニケーションスキルなんて全くありませんでした。そのため，職業訓練校の講師としては，とても嫌われていたと思います。

そりゃそうですよね。相手の話を聴かないで「ああした方がいい」，「こうした方がいい」と偉そうに言われたら誰だって気分がよくないはずです。よく考えると「私自身に問題があるのだろう」と薄々気づき始めていましたが，「なぜ仕事が上手くいかないのか」と悩むものの，改善する方法がわからなかったのです。

そこで，まずは「コミュニケーションスキル」について調べた結果，コーチング，メンター，キャリアコンサルティングなどがヒットし，これらを体系的に学び始めました。すると，徐々にこれまでの人間関係に良い変化が現れたのです。「この素晴らしいスキルを世間に広めたい」という，小さな気持ちからキャリアコンサルタントの取得を目指しました。

資格を取得する前に，私自身が行ったことは**「自分が思っていることをすべて紙に書き出す」**ということです。それは次のような内容でした。

> ・キャリアコンサルタントの合格を目指す人の役に立つようなことをしたいから，その情報を発信する。
> ・情報発信のためのツールは何があるかな？
> ・最初はSNSで発信するから，SNSの使い方を知る（Facebook・Facebookページ・Facebook広告，アメブロ，ライン@，ホームページ，メール講座）。
> ・写真も必要になる。その写真はどこで撮影しようかな？
> ・合格講座をやろうと思うけどそのメニューと金額の設定は？
> ・合格講座の場所はどこにしようかな？高級カフェ？貸会議室？
> ・周知活動のためにお金をかけて宣伝する方法は何があるかな？
> ・お金をかけて宣伝するのに補助金があるみたい。それに応募しよう。

　ほんの一部ですが，このように紙に書き出して，絵や図にもしながら，どんどんイメージを膨らませていきました。当時の私はまだ資格を持っていなかったにもかかわらず，まるで有資格者が行っているようなことをスラスラと考え，すでに実行へ移していきました。

　キャリアコンサルタントとして活動する現在，上記のことはもちろん，自分が思い描いたことが現実となっています。まだまだ発展途中ですが，これからもどんどん実現していこうと考えています。

　では，改めてお聴きします。

あなたは今，キャリアコンサルタントになりました。
何をしていますか？

2 未来の相談者を想像してみる

　もしキャリアコンサルタントになった場合，多くの人が相談業務を行うことになるでしょう。その時に，「どんな人に対して，どのような相談業務を行っている自分がいるか」を考えてみましょう。

　マーケティングの分野では，いわゆるユーザー像のことを「ペルソナ」という用語で表します。ここでは，ペルソナとして未来の相談者像をイメージしてみようということです。

　まずは，対象となるペルソナを簡単に設定しておきましょう。今回は，20代，大学生を想定します。そこで，次の質問に答えてください。コツは，実際にその人が実在しているかのように考え，想像してみることです。すると，あなたのペルソナが浮かびあがってくるはずです。

　その相談者は，
Q　何歳くらいですか？
Q　女性，男性，どちらですか？
Q　どこに住んでいますか？
Q　家族構成は？
Q　独り暮らし？　家族で同居？
Q　職業は何でしょうか？
Q　正社員？　パート？
Q　年収はどれくらいでしょうか？
Q　趣味は何でしょうか？
Q　得意なことは何でしょうか？
Q　休みの日は何をして過ごしていますか？
Q　その人が一番大切にしているもの（価値観）は何でしょうか？
Q　その人の１日のスケジュールは？

ちなみに，これを基に私が考えたペルソナの佐藤さんはこんな人です。

Q　何歳くらいですか？　　　　　　⇨ 22歳〜24歳

Q　女性，男性，どちらですか？　　⇨ 今回は男性

Q　どこに住んでいますか？　　　　⇨ 大阪府下

Q　家族構成は？　　　　　　　　　⇨ 父，母，三人兄弟の真ん中

Q　独り暮らし？　家族で同居？　　⇨ 家族全員で同居

Q　職業は何でしょうか？　　　　　⇨ 大学生

Q　正社員？　パート？　　　　　　⇨ 飲食店でアルバイト2年目

Q　年収はどれくらいでしょうか？　⇨ 150万円程度

Q　趣味は何でしょうか？　　　　　⇨ キャンプ，釣り

Q　得意なことは何でしょうか？　　⇨ 誰とでもすぐ仲良くなれる

Q　休みの日は何をして過ごしていますか？

　　⇨ 大学の友人とドライブで趣味のキャンプや釣りを楽しんでいる

Q　その人が一番大切にしているもの（価値観）は何でしょうか？

　　⇨ 今がとても楽しいことが重要

Q　その人の1日のスケジュールは？

⇨
8：00	起床
10：00	大学へ
12：00	学食で昼ごはん
13：00	大学で授業
18：00	飲食店でアルバイト（まかない付）
23：00	帰宅

　いかがですか。佐藤さんは私が勝手に作り上げた人物像ですが，実際にいてもおかしくない大学生の様子になっていると思います。

　では，この佐藤さんに対してキャリアコンサルタントとしてどのような相談業務を行うのかを考えてみましょう。

　大学生への相談業務というと，**「就活」**です。その就活サポートをするキャリアコンサルタントは，どこでどのように活動しているでしょうか。

最初に浮かぶのは，大学のキャリアセンターでしょう。他にも，大学の事務受付やいわゆる民間の就活塾，ハローワークなどがあります。

　では，大学のキャリアセンターで働くにはどうすればよいのでしょうか。大学の採用情報を見たり，インターネット上で募集を探したり，他にも大学のキャリアセンターと強い結びつきのある人材派遣会社に登録することも有効ですね。

　このように，ざっくりとターゲットを絞ってからペルソナの設定を行うと，自分が将来どのような相談業務を行っているかが「見える化」されます。

　未来の自分を想像してみると，資格取得前の今から何をすればよいのかがより明確になってくるはずです。そうすることで，**「資格取得はただの通過点」**ということが，ありありと実感できるのではないでしょうか。

3 開業するか，会社をつくるか

　私は当初，個人で独立開業して数年間活動していました。しかし，個人事務所だとだんだんサイズが合わなくなってきました。どういうことかというと，次のようなことを考え始めるようになったからです。

> ・会社の住所が自宅の住所って…名刺に載せることに抵抗があるな。
> ・メールアドレスがフリーメールアドレスって信用度はどうなのかな？　やはり専用ドメインを取得する必要があるかな。
> ・自宅だと仕事がはかどらない。やっぱり別の仕事場が必要かも。
> ・個人の携帯電話番号をいろいろなところに掲載するのは抵抗がある。

　このように自分がこれからやろうと思っていることを展開するにあたり，さまざまなことを変化させる必要がありました。

　そんなことを考えている頃，夫が株式会社を設立したこともあり，その会社の取締役に私が就任し，キャリアコンサルティング事業部の責任者となりました。改めて考えると，「株式会社」にするメリットはたくさんあります。一番は，周囲からの信用度が違うということです。

　私の場合は，いきなりフリーで活動を開始するということはせず，講師として勤務するなどしながら，徐々に今のスタイルになっていったという感じです。

　「将来はキャリアコンサルタントとして独立したい」 と考えている人は，まずは今収入を得ている手段を軸として，有給，無給かを問わず何かキャリアコンサルタントとしての活動ができないかを考えてみてください。そうすることで，心理的，金銭的負担を軽くしながら，将来を考えて行動しやすくなります。

4 キャリアコンサルタントとしての専門分野

資格を取得した後，自分の専門分野を何にするかを考えることも必要になってきます。キャリアコンサルタント業務が未経験の人であれば，最初はいろいろな経験を積むのもよいでしょう。自身がやりたい，続けていきたいと感じる業務を選ぶことが最良の方法ではないでしょうか。

たとえば，若い人を応援したいならば，大学などの教育機関で働くのがよいでしょう。他にも，民間の就活塾で講師をするという方法もあります。また，地域サポートステーション，ハローワークなどの需給調整機関もあります。

人材派遣会社は相談業務も重要ですが，主に企業と人材を結び付けるマッチングが必要なため，時にはノルマなどもあるようです。そういった目標をクリアすることが好きで，達成感を感じる人には向いているのではないでしょうか。

社会保険労務士がキャリアコンサルタント資格を取得することはとても多いです。社会保険労務士自身が資格を保有していると，いざという時には自分がキャリアコンサルタントとして動くことも可能です。

また，キャリアコンサルタントは独立やフリーランスとして活動することもできます。私もこの部類で，後ほど詳しくお話しますが，**「講師」**がキーワードになっています。

このように，どのように活動したいかを考えながら，キャリアコンサルタント資格を目指し，自身の専門分野について計画を立ててみることはモチベーションアップにもつながります。

5 講師歴を活かしたキャリアコンサルタントとしての活動

　皆さんが将来について考える参考になればと思い，少し私の活動について紹介します。

　これまでの経験の中で，私は講師歴が長かったため，「講師」と「キャリアコンサルタント」を組み合わせることで仕事を発展させてきました。

◆キャリアコンサルタント合格講座

　まず，私がキャリアコンサルタントになる前から考えていたことが，**「合格講座」の開講**です。「キャリアコンサルタントになりたい」，「キャリアコンサルティング技能士になりたい」という人を対象に，それぞれの「実技試験（論述＆面接）」に特化した講座を運営しています。

　合格発表の後には，惜しくも不合格になった人からの問い合わせが多くなります。試験結果を拝見しながら次回合格に向けて，その受験生のためだけの合格プランを一緒に考えていきます。

　そして合格発表日には，その受講生から「合格しました！」，「先生のおかげです！」という嬉しい連絡がたくさん届きます。努力して合格を手にした受講生は素晴らしく，私自身も「この仕事をやっていて本当によかったな」と思える瞬間でもあります。

　この合格講座以外にも，**厚生労働大臣指定のキャリアコンサルタント更新講習も開講**しています。「厚生労働大臣指定機関」になるためには申請して指定通知を受けなければなりません。申請の際には，講師の経歴や講習の内容，教材の内容，会社概要など，さまざまな書類を提出します。内容によっては指定を受けられないこともあるようです。

この他にも，キャリアコンサルタントを目指す人，キャリアコンサルタントに興味ある人，すでにキャリアコンサルタントとして活躍している人の交流の場として，毎月**「ロールプレイ勉強会」**を開催しています。

　普段なかなか練習する機会がないという受講生の声から発案しました。時間は2時間程度で，最初の1時間は参加者全員で2～3人が1組となり，ロールプレイの練習をします。その後は私も参加して，お茶を飲みながらキャリアコンサルタントに関する情報交換などを行います。

　このように交流を深めながらキャリアコンサルタント仲間を増やし，「キャリアコンサルタント」の存在をもっともっと世間に広げていきたいと思っています。

◆ 職業訓練校での講師

　私がキャリアコンサルタントになったきっかけは，**職業訓練校での講師経験**です。

　職業訓練校では，ジョブカードの作成や履歴書・職務経歴書の書き方と添削，模擬面接，自己理解，仕事理解に関する授業を受け持っていました。また，1対1のキャリアコンサルティングも行い，受講生へ寄り添ってカウンセリングをするよう心がけていました。他にも，各企業へ出向き，受講生が企業とマッチングする機会を得られるよう，企業開拓も行っていました。

　職業訓練校では結果を求められることが多いです。それは，就職率です。職業訓練校の最終ゴールは「受講生の就職」です。職業訓練校を修了しても途中で退校しても就職すればOKの世界です。ここでいう就職とは，雇用保険に加入することが条件になります。職業訓練校の経営目線で考えると，就職率（雇用保険加入）が最も気なるところであり，これが低いと，次回の開講が難しいという現実もあります。

◆高校や大学などでの講師

　大学や短大，専門学校生へのいわゆる**「就活」のサポート**です。これら
も職業訓練校同様，クラスの授業や1対1のキャリアコンサルティングを
行います。特に現在の就活は春から一斉に開始されるため，その時期に合
わせた就活ガイダンスや春休み期間に開催されるセミナーなどの運営があ
ります。

　学生の中には，未知の取り組みに少し気弱になって逃げだしてしまう人
や，ふさぎこんで涙を流す人もいます。学生相手となると，こういった状
況にも対応する力が求められます。

　このように，私自身は「講師」という強みを活かして，キャリアコンサ
ルタントとしての活動を広げています。

6 独立・起業したときどんな仕事があるか

◆ 登録をできる限り行う

　キャリアコンサルタント合格講座を開講した他に，私が独立して最初に行ったことは，人材派遣会社や研修講師への登録です。

　人材派遣会社は，キャリアコンサルタント有資格者の登録を求めているところがあり，大学やキャリアセンターなどへの勤務が主です。また，研修講師へ登録すると，講師の他に司会などの依頼がくることもあります。

　他に忘れてはならないのが，「**キャリコンサーチ**」と「**キャリアコンサルティング技能士検索サイト**」への登録です。

　キャリコンサーチは，日本全国のキャリアコンサルタントが登録しています。国家資格キャリアコンサルタントに登録すると任意で掲載できます。キャリアコンサルティング技能士検索サイトも同じように日本全国のキャリアコンサルティング技能士が登録しているサイトです。これらのサイトで，キャリアコンサルタントを探している人がそれぞれの条件に合ったキャリアコンサルタントに連絡を取り，主に仕事の依頼を行います。

　私もこれらのサイトを経由して問い合わせを受けたことがあり，一番多いのは助成金を使ったキャリアコンサルティングの依頼です。他には，職業訓練校からの就職サポート依頼や，企業から直接依頼を受けることもあります。

◆ 柔軟に働く

　意外かもしれませんが，「**雇用される**」という考え方もオススメです。

独立した最初の頃は，何も仕事がないこともあるでしょう。そういうときは，たとえば週2〜3日はキャリア関連の非常勤講師として勤務しながら，空いている日にフリーとしてのキャリアコンサルタント業務を行い，希望する仕事の比重を増やしていくというように，さまざまな働き方の選択肢があります。

◆ 他の士業や企業との連携

　独立してだんだん軌道に乗ってくると，さまざまな仕事依頼がくるようになります。私は助成金を使ったキャリアコンサルティングの依頼を複数の社会保険労務士事務所から依頼されました。ジョブカードを使って，一般企業の従業員へキャリアコンサルティングを行うという内容です。

　キャリアコンサルティング自体はおよそ1回1時間程度で，報酬や交通費などが提示され，それでOKであれば日程調整を行い，決められた日時にその企業へ伺いキャリアコンサルティングを行います。ジョブカードにはキャリアコンサルタントのコメント記入欄があるためその内容を記載して終了となります。

　直接，企業から依頼を受けることもあります。それは助成金を活用したキャリアコンサルティングや人事部への講習，人材派遣会社の社員教育など，内容はさまざまです。他にはキャリアコンサルタント養成講習を開講している企業から，講師の依頼を受けたこともありました。

　このように幅広く活動していると名刺交換をする機会も増え，仕事につながることも多くなります。

7 どんな資格でも取得しただけでは仕事はこない

◆ どうやって自分を知ってもらうか

独立しようと決断したとき，重要なことに気づきました。それは，**どうやって私「津田裕子」のことを世間に知ってもらうか**ということです。

当然，待っているだけでは誰も私のことなど気づいてくれません。

私はキャリアコンサルタントになりたいと思っている人をサポートしたいと考えていたため，まずはその実績を作ることが必要だと考えました。

そこでまず，周りにいたキャリアコンサルタント受験生で，惜しくも不合格が続いている人たちに協力をしてもらい，私が考えた合格メニューを実践して試験に挑んでもらいました。すると，次々と合格していきました。その合格者に手書きの感想をもらい，SNSにアップしました。

当時はまだ事務所を借りていなかったため，カフェや貸会議室などで勉強する様子を撮影し，Facebookやブログなどに積極的にアップしていきました。すると，少しずつですが，SNSを通じてこの合格講座へ申込みをしてくれる受験生が増えていきました。

◆ プロモーション，ブランディング，マーケティング

将来キャリアコンサルタントとして独立を目指されている人は，資格を取得した後に，自分の存在を周囲の必要な相手（お客様）に知ってもらう必要があります。それには，「**プロモーション，ブランディング，マーケティング**」などの知識が必要です。

　私はこの分野の専門家ではないため，誰かに頼むか，自分で勉強する必要がありました。勉強して自分でやる人もいますが，私はできるだけキャリアコンサルタントとしての活動に時間を割きたかったため，少しだけ概要を学び，具体的なことはお金を払って専門家に任せました。

◆ 自社サイトの作成と合格動画

　SNSの手法はすでに学んで活用していたため，次のステップとして自社サイト（ホームページ）の作成に取り掛かりました。当時の私は自社サイトに関して何の知識も持っていなかったため，「SNSがあるから自社サイトなんて不要」と思っていました。そもそも，自社サイトを作るのは結構なお金がかかります。しかし，専門家はSNSと自社サイトでは全く違う性質があると私に力説してきました。

　自社サイトを作るためには，プロフィール写真や実際に講習を行っている場面などをカメラマンに撮影してもらったり，コピーライターの取材を受けてキャッチコピーを考案したり，構成や雰囲気をデザイナーと相談したり，多数のプロフェッショナルに関わってもらいながら，打ち合わせを重ねて希望する自社サイトが完成しました。

　しかし，完成したら終わりではありません。それを運営していく必要があります。ブログの更新やプレスリリース，写真の掲載など，手を加えれば加えるほど，ユーザーに自社サイトを見てもらえる回数が増えます。

　また，**自社サイトは常に見直しが必要**ということも実感しました。自分の変化に伴って，同時にサイトも見直す必要があるのです。

　さらに合格動画「ツダチャンネル」も開始しました。キャリアコンサルタント合格を目指す人に向けた，1本5分程度の動画で，すべて無料で見ることが可能です。現在はチャンネル登録者数も動画数も増え，「ツダチャンネルのおかげで合格できました！」など嬉しい連絡も届いています。

【著者紹介】

津田　裕子（つだ　ひろこ）

キャリアコンサルタント

キャリコンシーオー主宰／株式会社リバース取締役

一般企業の採用担当者として面接官を務めた後，職業訓練校での講師経験を機に，キャリアコンサルティング分野への造詣を深める。2015年にGCSプロフェッショナル認定コーチの資格を取得。2016年にNPO法人国際メンターシップ協会認定アソシエートメンター，キャリアコンサルティング技能士２級にそれぞれ合格。同年から国家資格化されたキャリアコンサルタントとして登録した。

現在はキャリアコンサルタント事業を展開する「キャリコンシーオー」にて合格講座を運営。学生への就職サポート，企業内のキャリアコンサルティングなども行い，これまでに１万件を超える相談実績がある。また，厚生労働大臣指定のキャリアコンサルタント更新講習も開講している。

ホームページ　https://caricon.co

キャリアコンサルタントになりたいと思ったらはじめに読む本

| 2019年3月10日　　第1版第1刷発行 | 著　者　津　田　　裕　子 |
| 2021年11月30日　　第1版第12刷発行 | 発行者　山　本　　　継 |

発行所　㈱中央経済社

発売元　㈱中央経済グループ　パブリッシング

〒101-0051　東京都千代田区神田神保町1-31-2
電話　03 (3293) 3371 (編集代表)
　　　03 (3293) 3381 (営業代表)
https://www.chuokeizai.co.jp

印刷／㈱堀内印刷所
製本／侑井上製本所

Ⓒ 2019
Printed in Japan